AI vs. 民主主義
高度化する世論操作の深層

NHK取材班

NHK出版新書
614

ＡＩ vs. 民主主義——高度化する世論操作の深層　目次

序章　ＡＩは誘導する

次の大統領選を読み解くためのある未解決事件

２０２０年11月３日、トランプ政権２期目をかけた大統領選挙が行われる。この原稿を書いている２０２０年１月現在、先行きは全く見えていない。共和党・民主党の攻防は激しさを増し、トランプ大統領は「ウクライナ疑惑」によって大統領としてはアメリカ史上３人目となる弾劾裁判にかけられることが決まった。この疑惑はトランプ大統領が２０１９年７月、ウクライナのゼレンスキー大統領との電話会談で、軍事支援を取引材料に対抗する民主党の有力候補バイデン前副大統領の不利な情報を得ようと捜査を要求したとされるものである。

これほどのことが明るみになっても、トランプ大統領は「弾劾したいなら、すぐにやれ」と余裕を見せる発言さえしていた。それは弾劾裁判の結論を下す上院で共和党が過半数を占めていることが大きいのだろうが、その背景には彼がどんなスキャンダルに見舞われようと、支持するのをやめない岩盤支持層の存在がある。２０１６年の大統領選以来、トランプ大統領はじつに４割前後の支持を維持し続けているのだ（２０１９年12月23日時点での支持率は44・５％）。「弾劾についてどう思うか」を聞いたアメリカの各種世論調査の平均値を見ると、「賛成」は46・９％。「反対」は47・６％であった（２０１９年12月17日時点）。支持政党別に見ると、民主党支持者では賛成が84％、共和党は反対が87・7％と真っ二つに割れている。弾劾を訴追する決議案が可決された後も、共和党支持者からのトランプ大統領への堅い支持は揺らいでいない。

一方の民主党はどうか。これまでトランプ大統領に関する数々の疑惑が明らかになっても、下院議長のナンシー・ペロシ氏は大統領の弾劾は国の分断を深めるとし、慎重な姿勢を崩さなかった。しかし、このウクライナ疑惑はそんなペロシ氏にとっても一線を越える、民主国家にあってはならないとんでもない逸脱行為と捉えられ、弾劾調査に踏み切ることにしたと報じられている。しかし、トランプ大統領の弾劾が民主党支持者の結束を強めたり、無党派層への浸透に繋がったりしたかどうかはいまのところ、明らかではない。目下、２０２０年の大統領選挙でトランプ大統領に立ち向かう民主党の候補者選びは混迷を極めている。２０１９年12月末の時点で15人の候補者が乱立し、大企業に規制をかけて社会保障の充実を訴える急進左派から、反トランプの共和党支持者を取り込もうとする穏健派までその主張は幅広い。

だが、このトランプ支持の岩盤層と民主党有権者の分裂という構図はいまに始まったことではない。２０２０年の選挙は、アメリカ社会の溝を再び広げるのか、それとも融和のきっかけになるのか。それを知るためには、史上最大の番狂わせとも言える前回の大統領選の陰で起きていた、トランプキャンペーンをめぐる事件に立ち戻らなければならない。その事件の真相は、いまも解決されていない。

ケンブリッジ・アナリティカ

２０１８年3月中旬、フェイスブックが保有する大量の個人データがトランプ陣営に利用されていたというニュースが世界を駆けめぐった。２０１６年の大統領選でトランプ陣営のキャンペーンを担っていたデータ分析会社が、フェイスブックから不正に入手したデータを選挙に活用していたというのだ。その会社の名はケンブリッジ・アナリティカ（以下ＣＡ）。ＣＡは大学の研究者を通じてフェイスブックが保有する８７００万人分の個人データを入手した。個人データとはプロフィールや友人関係、どんな記事に「いいね」をしたかなどの情報だが、８７００万人分のビッグデータは解析され、細かく有権者をターゲティングしたＳＮＳの政治広告の製作と利用されたのである。イギリスに本社を置くこの会社がアメリカの選挙に影響を及ぼした可能性があること、またそのデータがロシアに流れていた可能性もあり、「アメリカの民主主義に他国からの介入があった」と報道は過熱していった。さらにイギリスがＥＵ離脱を決めたブレグジットをめぐる国民投票（２０１６年6月）でも個人データが解析され、利用されていた可能性が指摘されている。不正にデータが使われていたとして、国民投票の再実施を求める声までもが出る事態となったのである。

さらなる疑惑は明るみになり続けた。ウクライナやナイジェリアなどでも選挙戦略を担っていたＣＡは、選挙キャンペーンを成功させるため、政治スキャンダルで政敵を追い込むことさえ行っていたと、会社幹部が隠しカメラの前で告白する姿が赤裸々に放送された。こうしたスキャンダラスな報道も相まって、ＣＡ事件は世界を激震させた。

その後アメリカとイギリスでは調査委員会が発足し、ＣＡ幹部だけでなく内部告発者やフェイスブックＣＥＯのマーク・ザッカーバーグ氏までもが議会で証言を求められる異例の展開となった。ＣＡ側はフェイスブックから流出した個人データは合法的に入手したものであり、大統領選には使用していないと主張している。一方でザッカーバーグ氏は個人情報管理のあり方を問われ、安全性に不備があったことへの釈明に追われた。米連邦取引委員会（ＦＴＣ）はその後、フェイスブック社に50億ドルという過去最大の制裁金を科す和解案を可決している。

アメリカの調査委員会はその後、「選挙結果にまでは影響を与えなかった」という結論を下している。だが、それは果たして本当だろうか。ＣＡはどのような戦略を持っていたのか、実際に有権者にどのような影響を与えたのか、その実態はわからないままだった。

68か国で行われた世論操作

まだ結論が出ていないと疑義を唱える声は絶えない。２０２０年の元旦からＣＡの元社員であるブリトニー・カイザー氏が関わるツイッターアカウントが、ＣＡの内部資料10万ページをツイッターで公開し始めた。これらはカイザー氏がイギリスやアメリカ議会に提供したものと同じとされ、ＣＡ内部のメールのやりとりやプレゼン資料である。資料提供したカイザー氏は２０２０年の大統領選でＣＡが行ったのと同じことが起きるのではないかという危惧から公開に踏み切ったと、ガーディアン紙の取材に答えている。

この資料によれば、68か国でＣＡが関与し、不正に入手された個人データが世論操作に利用されていた可能性が指摘されている。また、トランプキャンペーンで寄付の出資者を匿名にする方法などが記されており、こうした手法はアメリカだけではなく、ＣＡが関わった他の国でも行われていたという。研究者らはこれらの資料から新たなプロパガンダ戦略の一端を知ることができると注目している。

この「新たなプロパガンダ」という言葉にこそ、重要な視点が隠されている。ＣＡが利用していたのは、ＡＩ（人工知能）の技術であったという事実である。このＡＩ技術を本書では「ＡＩ」と呼ぶ。フェイスブックから流出した膨大な個人データをＡＩが解析・学習し、世論を操作しようとしていたのだ。

鍵を握るマイクロターゲティング

その鍵となるのは「マイクロターゲティング」という手法だ。

ＣＡは選挙キャンペーン戦略の一環として、フェイスブックの個人データをＡＩに解析・学習させ、有権者個々の政治的傾向をかなりの精度で割り出したうえで、個々の有権者にカスタマイズする形で政治広告を製作していた。詳しくは後述するが、マイクロターゲティングとはそうして作られた政治広告を、ＳＮＳ上の何千万という有権者の中から数百という最少単位の人々に向けて効果的に送りつける方法である。人間では決して把握しきれない有権者それぞれの傾向を、ＡＩが様々なパターンを機械学習することで正確に把握することができるのである。

ＡＩのアルゴリズムは、いつ、どのようなタイミングでその広告を表示すれば最も効果が高いかまで計算していた。受け取る側からすれば偶然パソコンや携帯に表示されたものにすぎない。しかし、「その内容はなぜか自分の心をとらえて離さなかった」と、取材に対して語った有権者もいた。

とある共和党陣営のキャンペーン会社に在籍する、トランプ大統領をよく知る人物は取材の中でこう答えた。

「トランプ大統領ほど、選挙におけるテクノロジーの進歩を理解している人はいません」

ＳＮＳやＡＩがいかに選挙において重要なのか。これまで過激な発言で人々の注目を集めてきたトランプ像とは違う姿が、そこから見えてきた。

アメリカ大統領選挙は、ほぼ1年を通して行われる世界最大級の選挙である。私たちはそのキャンペーン戦略を知ることで、トランプ大統領誕生の背景をあらためて考えたいと思った。そして彼らのソーシャルメディアを中心とした選挙戦略を知るにつれ、ＡＩによる世論操作の実態が見えてきたのである。さらには、マイクロターゲティングというこの手法が、「民主主義とは何か」という巨大な問いを突きつけることも明らかになってきた。

ＣＡ事件は序章にすぎない

２０１８年5月、ＣＡは破産を申請し倒産した。事件発覚からわずか2か月あまりでの突然の幕引きである。私たちの取材は、まさにこの時から始まった。

まず向かったのは、ＣＡ事件の告発者への取材だった。取材を重ねると、２０１６年の大統領選の何年も前から、ＡＩを用いた世論操作が周到に準備されていたことがわかってきた。ＣＡの告発者は私たちのインタビューに、「フランケンシュタイン（の怪物）を生み出した科学者のような気分だった」と語った。

２０１８年11月に行われたアメリカ中間選挙時には、トランプ大統領のこの選挙戦略が地方の共和党陣営にまで浸透していく過程を取材した。大統領選でトランプ陣営にいたキャンペーンマネジャーたちが全米の激戦区に送り込まれ、地方でＳＮＳ戦略を展開していた。その時に用いられた技術は、2年前の大統領選で培われたものを応用したものだった。

何が人々の怒りを生み出すのか。どうすればいままで選挙に行かなかった人に共和党へ投票してもらえるのか。取材を進めるにつれて、ＳＮＳ上に溢れる個人情報をＡＩによって解析し、投票行動を操ろうとするキャンペーン戦略の実態が明らかになっていった。

キャンペーン戦略を担う人々の話からは、有権者が政治の議論に参加することや、自分と異なる意見に耳を傾けさせようという意図は皆無に等しかった。対立を煽り、〝バズらせる〟。そうすれば政治家の認知度はおのずと上がる。熟議を深めていく民主主義の姿はそこには存在しない。

　ＳＮＳ戦略の専門家はこう指摘する。

「ＳＮＳに表示される広告は、どの党に投票するかといった投票先を有権者に決定づけるものではありません。本人も気づかないうちに怒りや不安が醸成され、投票行動に影響を与えてしまうのです。ＡＩが人間のパターンを読み切れば、私たちは簡単に操られてしまうでしょう」

　ＡＩによる有権者の操作が、狙われた本人にも気づかれないうちに行われるとしたら。そもそもアメリカの調査委員会が出した結論のように、選挙結果を左右しなかったと言い切ってしまってもいいのだろうか。

　私たちが取材から得た結論は、「政治広告の影響の程度を正確に測ることは難しい。しかし確実に有権者の投票行動に影響を与える広告は存在する」というものである。アメリカ大統領選やイギリスの国民投票は数パーセントの差で勝敗が決していた。影響力が多少なりとも存在するのならば、選挙結果を左右しうるものであると言えるのではないか。

「民主主義とは何か」という問い

民主主義とは、一般的に一人ひとりが政治の決定に参加することができる体制を指す。国民は政治に参加する権利を持っており、どのような政治的主張も許容されなければならない。表現や言論の自由が保障され、これによりジャーナリズムは権力者を監視することができる。民主主義国家の多くが選挙で代表を選んでおり、選ばれた代表は国民のために仕事をしなければいけない。代表者が任期中に支持を得られなければ、私たちは次の選挙で別の代表を選ぶことができる。

私たちがこの本で問いたいのは、ＡＩというテクノロジーは民主主義を成熟させるのか、形骸化させるのかということだ。チェスや囲碁をするＡＩの目的は相手に勝つことである。自動運転を可能にするＡＩの目的は、事故を起こさず乗客を目的地まで送り届けることだ。私たちが取材したＡＩの目的もまた単純明快で、ある候補者が勝つこと（対立する候補者が負けること）である。それは選挙の過程において有権者の趣味嗜好を分析し、自陣にとって有利な投票行動を引き出す政治広告を送りつけるシステムだった。

こうした技術は一見すると、有権者の意見を正確に吸い上げてくれるという意味で民主主義を成熟させそうな気もする。政治広告が的確に伝われば、それぞれの候補者の主張や政治的な課題が伝わりやすく、議論を活性化させる面はあるだろう。どれだけの広告を効果的に投資しても最後に判断するのは有権者なのだ。また、チラシを作ろうがテレビで流そうが、ソーシャルメディアを利用しようが、候補者の政策や考えが伝わることは歓迎すべきことだ。ＡＩが簡単に民主主義の危機をもたらすと言い切ることはできない。

しかし、ＳＮＳで政治広告が使われたアメリカでは、有権者がきわめて偏った情報にしか触れられなくなる状況が生まれていた。また、「選挙で勝つ」という至上命題のために政敵を蹴落とす広告が大量に作られていた。すでに多くの人に知られているように、そこにはフェイクや誤解を与える情報が大量に混ざっていた。有権者を投票に行かせないための広告もあった。こうした状況で、有権者は自由な投票ができたと言えるのだろうか。

そしてＣＡ事件は、フェイスブックなどの巨大テック企業が一国の民主主義に影響を与える力を持っていることに気づかせた。私たちはサービスを利用する代わりに自分の個人情報を無条件に差し出している。お金を払っていなくても、そこに交換関係が成立している。個人データの集積としてのビッグデータは、人々を操れるほどのアルゴリズムを生み出すことを可能にし、そのアルゴリズムは企業に莫大な富をもたらす。ＧＡＦＡ（グーグル、アップル、フェイスブック、アマゾン）はそうして世界的な企業にのし上がったが、そのマーケティングの手法はすでに政治にも活用されている。

それが現在の政治と選挙をめぐる状況である。

選挙が他国から干渉される時代

また、ＣＡ事件はソーシャルメディアが外国からの選挙干渉のツールと化すことを気づかせた。巨大テック企業のプラットフォームに目をつけた外国の政府機関が、社会を混乱に陥れる目的でソーシャルメディアに嘘の情報を流したり、人々を扇動する情報を流したりして、他国の社会に影響を与えようとしていたのだ。ＳＦ小説に出てきたとしても、現実に起きることだとは想像もできないようなこの話は、２０１９年４月に公表されたアメリカ司法省による調査報告書で詳細に記録された。２０１６年の大統領選でソーシャルメディアを使ってロシアが選挙に干渉していたのではないかという、いわゆる「ロシア疑惑」の調査報告書である。この中で、捜査を主導したロバート・モラー特別検察官は、ロシア政府がツイッターやフェイスブックなどのソーシャルメディアに、ロシア人がアメリカ人や黒人を擁護する団体を装ってデマを流し選挙干渉を行ったと断定した。この事実が明らかになって以降、アメリカを中心とする国際社会では、ソーシャルメディアが外国からの干渉のツールとなることが、政府にとっての最大の脅威と見なされるようになっている。

他人事ではない日本

日本とて他人事ではない。日本では2013年4月の法改正によって、SNSを使ったいわゆる「インターネット選挙運動」が解禁となった。以後、年々各政党によるインターネット上のキャンペーンは活性化している。少数野党所属の候補者の当選にも力を発揮し始めているといっていい。

そしていま、専門家が警告を発するのが、日本の国民投票法だ。国民投票法には通常の選挙ほどの規制がほとんどない。公職選挙法では選挙運動の手段や予算、時間などが細かく規定されているのに対し、国民投票法で現在定められている規制は、「投票の14日前からの、投票を喚起するテレビCMの禁止」くらいである。資金や寄付金の規制もないため、資金力のある政党が圧倒的に有利な状況と見られている。フランスやイギリスでは、テレビにおいては公的なCMの枠でしか広報活動を認めておらず、日本の規制とは大きな差がある。
当然ながら、インターネットの広告規制はまだ何も手つかずである。ソーシャルメディアなどで政党が活動することには全く制限がなく、国民投票法の改正議論においても対策の必要性を訴える声が出ている。こうしたインターネット上の広告規制の欠如は欧州の国民投票法にも言えることである。

しかし、データからは広告の主戦場がインターネットに移行していることが見てとれる。電通の調査では、地上波テレビの広告費（２０１８年）は、前年度より３３０億円マイナスの１兆７８４８億円。新聞の広告費も減り続け、１８４１億円。対してインターネットの広告費は、２４９５億円プラスの１兆７５８９億円となり、２０１９年には地上波テレビを上回ると見られている。中でもＧＡＦＡなどの大規模プラットフォーマーの広告費が著しく伸びている。新聞社が運営するウェブ上の広告は２０１９年に初めて公表されたが、１３２億円にとどまっている。

広告業界や国民投票法に詳しい作家の本間龍氏は、「今後日本でもネットとテレビの逆転が起きる時代が来る。だからこの分野での規制のあり方を早くから考えていく必要がある」と問題点を指摘している。

もし片方の意見を主張する政党に資金が偏れば、広告の量や質にも大きな差が出ることは容易に想像がつく。情報に偏りが出れば、民主的な議論を成立させることは難しくなるだろう。

民主主義の未来を探るために

本書の取材の多くは、２０１６年の大統領選、２０１８年の中間選挙で起きたことに基づいている。イギリス、そしてアメリカで選挙キャンペーン戦略の当事者を追った。選挙期間中にデジタル戦略の本丸に潜入することは今もって難しい。そこは個人情報の集積地であり、メディアには公開できないと何度も取材を断られた。しかしそこで何が行われたのかを知ることは、一見関係がないように思えるかもしれない日本の有権者にとっても非常に大事な情報であるはずだ。その思いで交渉を続けてきた結果、選挙中のデジタル戦略の内幕を知る人物に取材することができた。

第１章ではまず、私たちが置かれた状況を概観しておきたい。今や個人データは巨大テック企業に独占され、インターネット上の情報は一人ひとりの趣味嗜好に合わせてすでにカスタマイズされている。またフェイクニュースをめぐる問題は深刻化の一途を辿っており、有権者が受け取る情報の精度は危機にさらされている。世論操作が容易に起きうる、私たちの情報環境をめぐる現況をレポートしたい。

第2章では時間をさかのぼって、ＡＩによる世論操作の淵源ともいうべき「ＣＡ事件」についての取材の成果をまとめた。ＣＡの内部告発者へのインタビューから、先に述べたように２０１６年よりもさらに以前からＡＩによる世論操作の準備は始まっていたことが明らかになってきた。

第3章では、２０１８年の中間選挙期間におけるデジタルキャンペーンに潜入取材することによって、ＳＮＳの政治広告の実態に迫る。広告の出し手、受け取り手双方への取材から、民主主義の変容をつかみたい。

第4章では、ＳＮＳの政治広告はどこまで人々の意見を変えることができるのか、最新の調査をもとに考える。マイクロターゲティング研究の最先端をゆく計量心理学者にも話を聞いた。

第5章では前章までを踏まえ、２０２０年11月に控えるアメリカ大統領選において、共和党と民主党はどのようなデジタル選挙戦略を構想しているのか、その最前線を追った。成功体験を持つ共和党は、その戦略をどのように洗練させているのか。対する民主党はどのような対抗策に打って出ているのか。そうした中、アメリカではジャーナリストが立ち上がり、有権者がＡＩによる世論操作の危険性を認識できるような情報の届け方を模索している。そうした現在の動きをレポートしたい。

終章では、高度化する世論操作に対抗して、民主主義を守るために各国で始まっている様々な取り組みを、識者への取材と合わせて見ていきたい。ＣＡ事件の発覚後、世界中でデータ規制をめぐる議論が進展している。ＥＵでは２０１８年5月25日に一般データ保護規則（ＧＤＰＲ）が施行され、個人データの保護についての厳しい規制がかけられた。そして日本でも個人データの規制をめぐる議論が動き出している。こうしたデータ規制の動きを見ていくことで、民主主義の未来を考えてみたい。

過去に起きたことから、未来を予測することはできる。大手メディアの予想を裏切ってトランプ氏が当選した背景に何があったのか。民主主義はどう変わろうとしているのか。そのことを知るための発端がＣＡ事件であった。

アメリカで起きていた「ＡＩ vs. 民主主義」は、必ず日本にもやってくる。その時に、私たちはどう備えればいいのか。本書を通じてそのヒントを探っていきたい。

第1章 激変する情報環境

——データ独占・フィルターバブル・ディープフェイク

ＧＡＦＡと個人データ

民主主義をめぐる状況の中でいま急速に変容しているのは、私たちを取り巻く情報環境そのものである。本章ではまずその状況を概観してみたい。ここで主として取り上げるのは、「特定企業による個人データの独占」「ニュースのパーソナル化」、そして「ＡＩによって複雑化するフェイクニュース」である。

ひとつずつ見ていこう。私たち一人ひとりの個人データを集積し独占しているのが、巨大テック企業群のＧＡＦＡである。私たちはフェイスブックやグーグルのサービスを無料で使っていると思い込んでいる。しかしよく知られているように、そこには企業の広告が表示される仕組みになっており、それはテレビや新聞紙面に載るもののように、不特定多数のマスに向けた広告ではない。サービスを利用した個人の履歴をＡＩが分析し、個々の関心に合わせてターゲティングされた広告である。ＡＩは人間のパターンを学習すればするほど精度を上げてゆく。この個人のパターンを、本書では「個人データ」と呼ぶ。つまり、私たちはお金ではなく個人データを差し出すことによって、その対価として企業からサービスを享受している。

左図は総務省が売上額の占有率をまとめたものである（図１－１）。市場の独占は、すなわ

		Google	Amazon	Facebook	Apple	Baidu バイドゥ	Alibaba アリババ	Tencent テンセント
売上高（2018年） 単位：10億ドル		137	233	56	266	15	52	47
主要事業領域	広告	Various☆	Amazon Ads	Facebook☆	Various	Various☆	Various	WeChat
	サービス （コンテンツ含む）	YouTube	Prime Video	Instagram	iTunes	iQiyi	Youku	Penguin, e-Sports, Now Live☆
	電子商取引	Android Pay	Amazon.com		Apple Pay	Baidu Wallet	Tmall, Alipay★	WeChat Pay, QQ Wallet
	クラウド	Drive	AWS★	Workplace	iCloud	Baidu Cloud	Alibaba Cloud	Tencent Cloud
	ハードウェア （OS含む）	Chrome	Kindle		iPhone, iPod			
	AI／アシスタント	Google Assistant	Alexa		Siri			
	他業種連携 ヘルスケアなど	Google Home, Fit	Echo		Apple Health, Homekit		Ali Health	

図1–1　巨大テック企業群の売上額の占有率（出典：総務省）

※主要事業領域を以下のとおり分類　■：売上額の占有率が50%以上　▒：売上額の占有率が10%以上50%未満
□：売上額の占有率が10%未満、または「その他」のため分類不可　★：各社において営業利益額が最も大きい事業領域
☆：営業利益額が最も大きいと推察される事業領域（事業領域別営業利益額は非公開のため）

ち個人データの独占と言い換えて差し支えないだろう。ＧＡＦＡの圧倒的な占有率が目にとまるが、中国も急成長を遂げている。個人データの独占の重要性に気づいた中国政府は、閉鎖的な市場環境を整え、ＢＡＴ（バイドゥ、アリババ、テンセント）を育ててきた。

ソーシャルメディアは選挙の主戦場

こうした状況で、アメリカの選挙戦の様相も劇的に変わっている。それはトランプ氏が当選した２０１６年大統領選の後に相次いで発表された調査から状況を知ることができるのだが、ＳＮＳがかつてないほど選挙キャンペーンの主戦場となっているのだ。

２０１８年のインターネットトレンドリポートでは、アメリカ人がパソコンや携帯電話などのデジタルメディアにどれだけ接しているかが調査されている。それによると、２００８年からの10年間で人々のデジタルメディアへの接触はおよそ1日あたり3・2時間増加しており、２０１７年には5・9時間になっている。その増加量のほとんどは携帯電話の使用時間である。

また、２０１６年の大統領選で「何から選挙情報を得たか」というピューリサーチセンターの調査がある。全体の平均では、トップは依然ケーブルテレビで、ＳＮＳ（フェイス

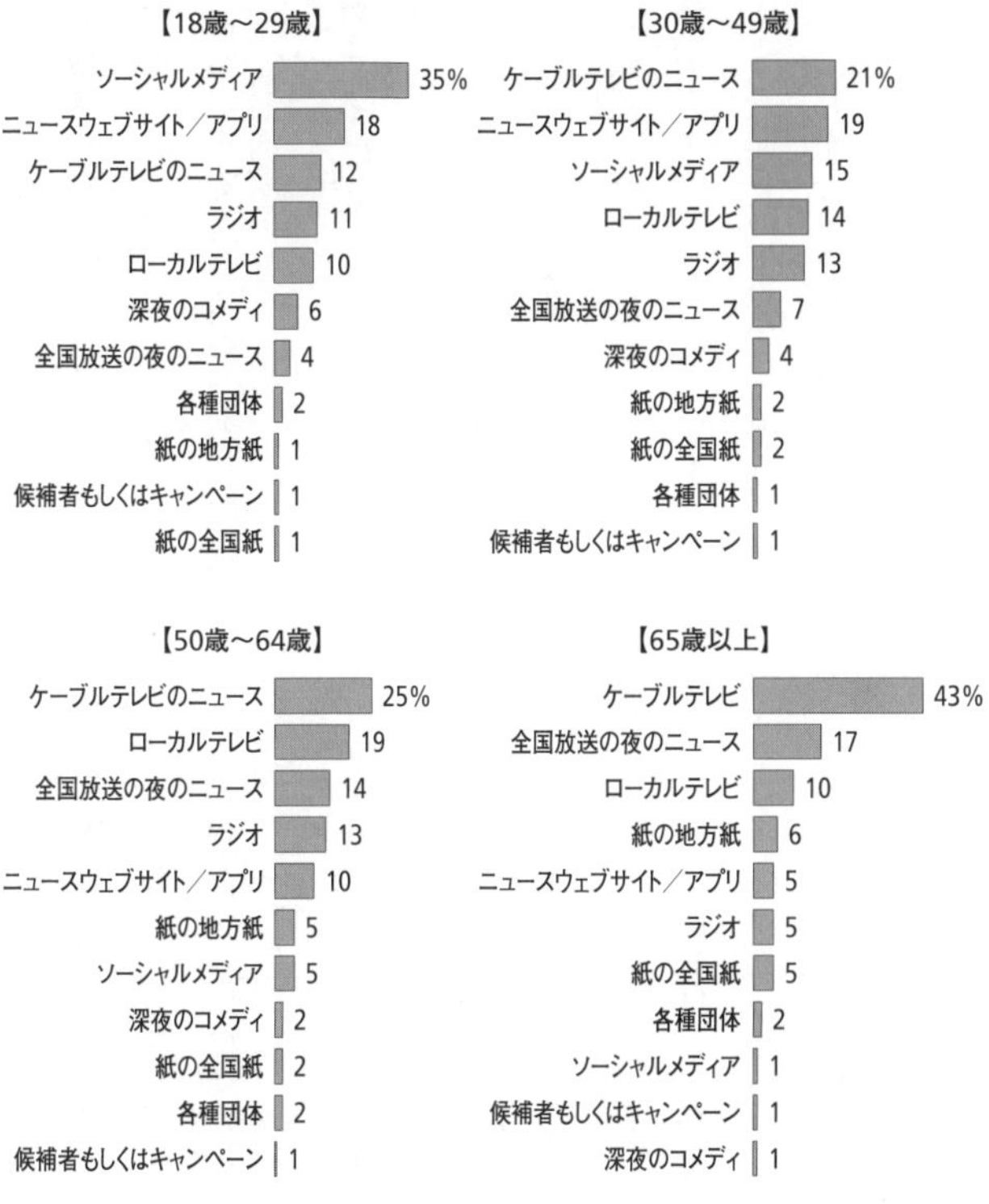

調査期間:2016年1月12日～27日

図1–2　2016年のアメリカ大統領選で有権者が参考にした情報源（年齢層別、ピューリサーチセンター調べ）

ブックやツイッターなど）は2位の14％、ニュースウェブサイト（アプリ含む）は13％だが、18～29歳の若い世代に限るとこの順位が逆転する（図1―2）。ソーシャルメディアの割合は35％、続いてニュースウェブサイト（アプリ含む）が18％。ケーブルテレビのニュースは12％にまで落ち込む。若者に限れば倍以上の割合で、ＳＮＳから情報を得ていた。

ソーシャルメディアにつぎ込まれた広告費も莫大だ。広告の動向に強い調査会社 BIA/Kelsey によれば、２０１１年には38億ドルだったソーシャルメディアへの投資額は、２０１６年には98億ドルと、わずか5年ほどの間に倍以上の額になっている。

そして、当時の大統領候補の中で最もＳＮＳを活用したのがトランプ氏だった。しかも、有権者の反応は異様な数値を示している。ここに２０１６年5月11日～31日の間、共和党の候補トランプ氏と民主党の候補ヒラリー・クリントン氏、バーニー・サンダース氏の三者がフェイスブックとツイッターにどのくらい投稿を行ったかを比較したグラフがある（図1―3）。それによると三者の投稿数はフェイスブックとツイッターともに大きく変わりはない。しかし、それに対するネット上の反応でトランプ氏は他を圧倒していた。トランプ氏のフェイスブックの投稿は１２５だったが、一件あたりの平均シェア数は８３６７、平均コメント数は５２３０、平均反応数（いいねや怒りなど）は７６８８５もあり、ツイッター

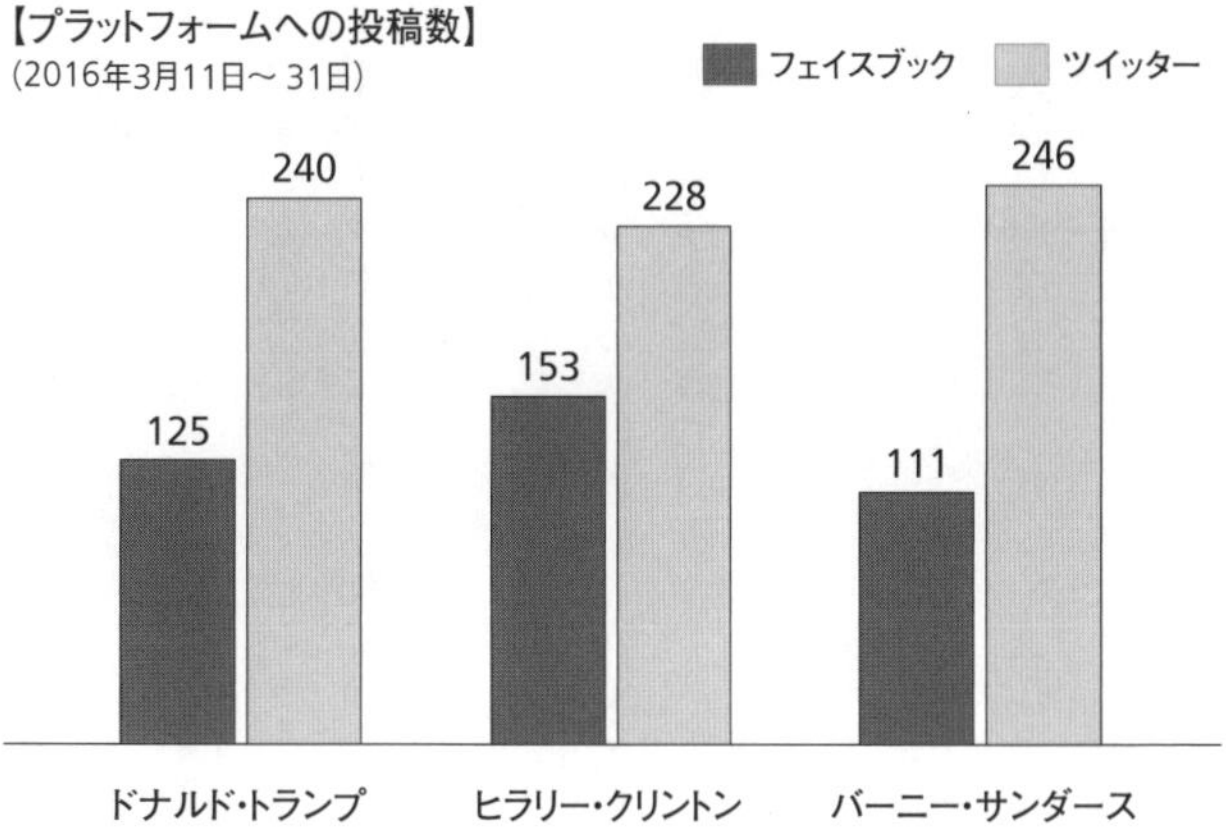

【1回あたりの投稿の平均数】

	フェイスブック			ツイッター
候補者	シェア数	コメント数	反応	リツイート数
ドナルド・トランプ	8,367	5,230	76,885	5,947
ヒラリー・クリントン	1,636	1,729	12,537	1,581
バーニー・サンダース	6,341	1,070	31,830	2,463

図1–3　各大統領候補のSNSへの投稿数と、1回の投稿における反応数の平均(ピューリサーチセンター調べ)

は２４０の投稿数に対して５９４７の平均リツイート数があった。その多くはポジティブな反応ではない。過激な投稿をすることで敵味方がはっきりと分かれ、ＳＮＳ上で口論になるようなケースも少なくなかった。また、選挙期間中にトランプ氏自身の投稿よりはるかに多い数の投稿が、トランプキャンペーンのアカウントからＡＩによってフェイスブックやツイッターに投稿されていたことも明らかになっている。

ＡＩによる中国の監視国家体制

話が選挙から逸れるが、ＡＩを利用した個人データの分析は、私たちの実生活にも大きな影響を与え始めている。

中国では、個人データを分析したＡＩが国民の監視体制の強化に利用されている。例えばアリババが展開する芝麻《ジーマ》信用（セサミ・クレジット）という信用スコアサービスの一部は、中国政府が始めた社会信用システムの国家プロジェクトと連動している。このサービスは個人の信用度をユーザーの支払い能力などから点数化し、この点数が高ければシェアサービスの保証金が免除されたり、出国手続きが簡素化されるほか、様々な便利なサービスが利用でき、融資やクレジットカードの分割払いの限度額もアップする。このスコアはユーザーが提供する情報が多ければ多いほど信頼性が高まり、点数が上がる仕組みになっていて、個人データを進んで提供することが大きなメリットとなっているのである。私たちもグーグルやフェイスブックに個人データを提供することで便利なサービスを享受しているが、中国ではさらに多くの情報を積極的に企業に提供することによって、実生活に関わる多くの便益を得られるようなシステムが設計されているのだ。

一方で、信用スコアが低ければ当然受けられるサービスは減り、場合によっては生活に支障が出ることすらある。近年、中国政府が一部の地域で、信用スコアが低い人に対して鉄道チケットの購入やNPO組織の立ち上げなどに制限をかけていることが明らかになった。このことに象徴されるように、中国では信用スコアが国家による国民の監視と行動の拘束に使われているのである。

リクナビ事件の衝撃

アルゴリズムに支配される隣国の状況は他人事ではない。AIによって解析された個人データが社会的に利用されるケースは日本でもすでに存在する。2019年8月、就職情報サイト「リクナビ」を運営するリクルートキャリアが、学生のサイトの閲覧履歴などを

ＡＩで解析して内定辞退率をはじき出し、それを企業に販売していたことが発覚した。リクナビなどの情報サイトは学生の就活活動にとって今や欠かせないツールだが、それを利用することで学生自身の将来を左右しかねない事態を引き起こしていたのだ。

　利用されたデータは、前年度に就職活動を行った学生のビッグデータである。学生がリクナビでどの企業の採用ページを何回見たのか、その閲覧履歴を収集して志望の傾向をつかむ。そのうえで内定を辞退した人と辞退しなかった人とに分類し、両社の違いをＡＩに分析させ、プロファイリング（個人情報からその人の人物像や趣味嗜好、行動予測を割り出すこと）のモデルを作ったのである。そこに今年度就職活動を行う学生のデータを当てはめることで、内定辞退の可能性が点数化されるというわけだ。この点数化されたデータは、契約した企業1社につき年間およそ４００万円で販売されていた。

　リクルートキャリアが閲覧履歴を利用した仕組みからは、採用活動をしていた企業側の責任も見えてくる。企業の中には学生のエントリーシートやＳＰＩのテスト結果などをリクルートキャリアに提供している企業もあった。またリクルートキャリアは企業側に対し、学生を対象にしたネット上のアンケートに回答するよう促していた。学生がこのアンケートに答えると、リクルートキャリアは学生がウェブサイトを閲覧した時に保存されるクッキー情報などを収集でき、より詳細なネット上の個人データを分析できる仕組みになっていたのである。このようにデータが利用されることを企業は学生に知らせていなかった。

２０１９年12月４日、個人情報保護委員会は、リクルート社とリクルートキャリア社に対して、「個人の権利利益を保護するよう」指示する勧告を出した。また、内定辞退率のデータを利用していた企業37社に行政指導を行っている。またトヨタ自動車や三菱商事といった大手企業は、サービスの利用目的の通知・公表を適切に行わなかったことが指摘されている。さらに、個人データを第三者に提供する際の組織的検討を怠ったことや、データの委託先に必要かつ適切な監督をしなかったことから、ＪＦＥスチールやＮＴＴファシリティーズなど24社の企業が行政指導を受けることになった。

内定辞退率を企業側に提供された学生の怒りや不安は、想像するに余りある。事件発覚後、明治大学や中央大学はこの年の就職ガイダンスでリクナビを紹介しないことを決定した。しかし就活情報サイトはリクナビが掲載企業数でトップを誇り、大学生の利用率はともに７割を超える。当然のことながら利用率が高ければその分学生のデータも集まりやすく、学生もまた自分に合った企業を探しやすい。求人広告を出す企業のほとんどもこうしたサイトを利用している。内定辞退率を計算されていたとはいえ、ユーザー側がサービスの利用を拒否することは難しい。

この事件は、個人データが収集され、それが無断で自分たちの将来に影響を与えるような分析に使われていても、日本ではなす術がないことを教えてくれる。ＡＩが力をもつのは、個人データを収集されることに対して私たちがあまりに無防備であるからだ。この点はこれからの民主主義を考えるうえでも重要な視点である。この対抗策については終章で詳しく触れたい。

受け取る情報の質の劣化

巨大テック企業の成長と反比例して厳しい環境に置かれてきたのが、アメリカのジャーナリズムである。

２０１９年10月17日、ニューヨークタイムズに民主主義への警鐘を鳴らす一つの記事が掲載された。「テクノロジー企業が民主主義と自由な報道を破壊している」（Tech Companies Are Destroying Democracy and the Free Press Oct. 17. 2019）と題したその記事には、広告収入がジャーナリズム機関からフェイスブックやグーグルにいかに流れたかが記されている。

２００６年以降、アメリカでは新聞の広告収入はおよそ3分の2程度も落ち込んだ。また、２００８年から２０１８年の間で新聞記者の数は47％も減少。アメリカの３分の２の郡（カウンティ）で日刊紙がなく、１３００の地域で日常的に取材がされていない。さらに、新興のネットメディアであるバズフィードやハフィントンポストでさえ記者を解雇しているのだ。これらはアメリカに限った話ではない。同様のことは例えばオーストラリアでも起きていて、２０１４年から２０１８年の間に記者の数は20％減っている。

日本でも新聞の発行部数は急激に落ち込んでいる。２０００年におよそ５３７０万部あった新聞全体の発行部数は、２０１８年10月には３９９０万と近年で初めて４０００万部を割り込んだ。日刊紙の数も２０００年から5紙減って１１７紙となっている。さらに急激な減少が見られるのが、新聞広告費の推移である（電通調べ）。２００５年に１兆３７７７億円あった広告費は、２０１８年にはその半分以下の４７８４億円まで落ち込んでいるのだ。一方、メディア全体の総広告費はここ十数年では微減にとどまっており（２００５年は6兆８２３５億円、２０１８年は6兆５３００億円）、広告全体が減っているわけではない。広告費は新聞以外のメディアに流れているのだ。

この減少した新聞広告費の流入先の一つが、先に紹介したニューヨークタイムズの記事にあったように、フェイスブックやグーグルである。巨大テック企業の独占は止まらない。

２００４年から２０１４年にかけて、グーグルは少なくとも２３０億ドルを使って１４５の企業を買収した。その中には広告の巨大企業ダブルクリック社なども含まれている。フェイスブックもまた、２００４年以降、同様の額を使って66の企業を買収している。

　こうしてＩＴ空間の情報のプラットフォームを独占された結果、ジャーナリズム機関も彼らに協力せざるを得ない状況になっているのが現状だ。グーグルの検索に引っかからなかったり、フェイスブックのフィードに記事が流れたりしなければ、記事が読者に届かないからである。

　その結果出現したのが「機能不全の情報生態系」であると、ニューヨークタイムズの記事は指摘している。要するに、デジタル環境においてジャーナリズムのプレゼンスが低下したせいで、人々が受け取る情報の質が明らかに劣化したということだ。例えばそれは人々の分断を煽ったり、中毒性をはらんでいたり、陰謀論によって特徴づけられる情報である。「フェイクニュース」という言葉が登場して久しいが、２０１６年の大統領選で起きたのは誤った情報の氾濫だった。ねつ造されたスキャンダル、投票に行かせないために作られた嘘の情報、意図的に人々を攻撃する差別的な投稿の数々である。こうした状況の中でテクノロジー企業は対策を進めているものの、依然として対策は不十分だと指摘されている。

これまで、ジャーナリズム機関の経営は広告収入によって支えられ、その結果として読者には取材に基づいた情報が届けられていた。それが今や、取材そのものが行われていない地域が全米で１３００も生まれ、多くの人々が受け取る情報の質は明らかに変わっている。ＭＩＴ（マサチューセッツ工科大学）の科学者らによる論文によれば、「嘘の情報」は事実よりも１・７倍多くリツイートされ、６倍広く拡散していくという。この数字だけを見ても、いかにフェイクニュースの対策が難しいのかがわかる。

事実についての共通の認識がなければ、相手の言っていることは理解できない。意見の異なる相手と妥協点を見出すことはできず、平行線のままだ。そして政治家は自分の信念を語るのではなく、プロファイリングによって有権者にとって気持ちのいい言葉をＳＮＳで送ってくる。だが当選すれば、これまで信じていた政治家は有権者を見向きもしない。そうしたことが重なれば、必然的に多くの有権者の間で政治への不信感が増していくことは想像に難くない。

個別化していくニュース

情報の取捨選択が新聞など伝統的なメディアの編集部に託されていた時代とは異なり、情報の民主化が進んだいま、人々はインターネットで自分が必要な情報を探すことができるようになった。また、ウェブ上の情報が爆発的に増えた結果、まとめサイトなどの情報のキュレーションを行うページが現れた。

そしていま、情報はＡＩのアルゴリズムによって読者に届けられるようになっている。そのアルゴリズムは「自分が過去にどんなニュースを読んだか」「自分と同じ傾向がある人がどんなニュースを読んでいるか」に基づいている。自分の趣味嗜好に基づいてセレクトされたそれらの情報は「理解しやすく、安心して」読めるかもしれない。

すでに日本でもいくつかのネットニュースサイトはユーザーに応じてニュースをパーソナル化している。例えば２０１８年11月の時点で、スマートニュースとグノシーが段階的にパーソナル化を導入している。スマートニュースは大手メディアを含む様々な記事から、ネット上で話題になっているかどうかなどを判断基準に、ＡＩのアルゴリズムによってニュースを選別している。そのうえで、多くの人が知るべきニュースと個人の好みに合わせたパーソナル化を組み合わせてユーザーに提供している。もう一方のグノシーは創業以来パーソナル化のシステムを導入しており、ユーザーの関心はＡＩによって分析され、ニュースが個別に配信される。読者の満足度も上がっているという。

一方、ネットニュース最大手のヤフーはどうか。ヤフーではタイムラインのニュースはパーソナル化しているが、ヤフーニューストピックスは編集者が人為的に選んだニュースを配信しており、パーソナル化はしていない。また、朝日新聞社などの大手新聞社は記事のパーソナル化を行わず、編集者が様々な指標に基づいて選んでいる。

予測エンジンに支配される私たち

こうした現象を早くから指摘していたのが、市民活動家で日本でも翻訳された『閉じこもるインターネット――グーグル・パーソナライズ・民主主義』（早川書房、２０１２年。文庫版では『フィルターバブル』に改題）の著書としても知られるイーライ・パリサー氏だ。彼はこうした現象を「フィルターバブル」と呼び警鐘を鳴らしてきた。フィルターバブルとは何か。その著書から引用したい。

フィルターをインターネットにしかけ、あなたが好んでいるらしいもの――あなたが実際にしたことやあなたのような人が好きなこと――を観察し、それをもとに推測する。これがいわゆる予測エンジンで、あなたがどういう人でなにをしようとしているのか、また、次になにを望んでいるのかを常に推測し、推測のまちがいを修正して精度を高めていく。このようなエンジンに囲まれると、我々はひとりずつ、自分だけの情報宇宙に包まれることになる。わたしはこれをフィルターバブルと呼ぶが、その登場により、我々がアイデアや情報と遭遇する形は根底から変化した。

（イーライ・パリサー『フィルターバブル』井口耕二訳、ハヤカワ文庫ＮＦ、２０１６年）

新聞の紙面は「読みたい」記事に「読むべき」記事を混ぜて、読者の世界をできるだけ開こうとする。しかし情報がパーソナライズされた世界では、知るべき情報よりも知りたい情報が優先されるとパリサーは指摘する。「見たい・知りたい」情報のバブルに囲まれると、人は次第に自分と異なる他者への想像力を失っていく。それはすなわち、民主主義を成熟させるための議論が成立しなくなっていくことを意味する。

　この原著の刊行は２０１１年である。トランプ大統領が誕生した選挙の５年も前に、パリサー氏はパーソナル化の利便性と引き替えに、人々は自らのプライバシーと自律性の一部をマシンに引き渡すことになると指摘していた。「マシン」をＡＩと読み替えても問題ないだろう。民主主義が機能する条件を説明するためにパリサー氏が例に出すのは、子どものころに参加していた村民集会だ。そこで彼が学んだのは、民主主義が機能するためには、村民が自分の利益以外のことまで考えられなければならないということだった。「そして、そのためには、我々が共同生活をしているこの世界について全体像を共有している必要がある」と。

インターネットの黎明期には、それによっていままで出会うことのなかった未知の他者をより知ることができるようになると素朴に期待されていた。世界は一つになり、分断はなくなるのだと。しかし情報がＡＩによって個別に仕分け・操作されるようになると、人々はバラバラになり、対話が成立しない状況が生まれることになったのである。

ディープフェイクの実態

さらに私たちの情報環境をめぐる変化の中で見逃してはならないのが、フェイクニュースの高度化である。「２０２０年の大統領選で必ず現れる」と多くの研究者やジャーナリストが警鐘を鳴らし、各メディアが危機感を強めているのが、「ディープフェイク」と呼ばれる技術だ。ディープフェイクとは、ＡＩの画像認識技術を利用して生み出される嘘の情報（一般的には動画）のことで、偽の動画を作る技術と、それが偽物かどうかを検知する技術を互いに競わせるディープラーニングの仕組みを利用して精度を上げていく。この技術によって、人間の声や表情は高コストなＣＧ技術を用いなくても、容易にねつ造できるようになった。

ディープフェイクは、一見しただけでは偽だと見抜くことがほぼ不可能なほど「本物そっくり」に作りこまれている。オバマ元米大統領やフェイスブックＣＥＯのマーク・ザッカーバーグ氏が問題発言をしたかのような動画が生成されてウェブ上に出回り、話題になったことは記憶に新しい。

また、２０１９年12月に米シンクタンク「アトランティック・カウンシル」の研究所「デジタル・フォレンジクス・リサーチ・ラボ（ＤＦＲラボ）」とソーシャルメディア調査会社「グラフィカ」が共同で発表した報告書は、ＡＩによって生成された「フェイク顔」の問題を指摘している。実在しない人物の顔をＡＩが作り出し、ソーシャルメディアで架空のアカウントを作成する。そしてトランプ大統領を支持する投稿や保守派のイデオロギーに関する投稿を繰り返していた。こうしたフェイク顔アカウントはフェイスブック上でグループまで作り出している。フェイスブックはすでに610のアカウントを削除したことを発表しているが、いたちごっこであることは否めない。このようなフェイク画像や動画が、プロファイリングされた有権者情報に基づいて届けられるとしたらどうなるだろうか。

次章で触れるアメリカ人のある有権者は、前回の選挙期間中、本当の情報に交じって嘘の情報も大量に受け取っていた。彼はその真偽を見極めようと努めたものの、次第にその気力もなくなり、自分が支持していた民主党のヒラリー・クリントン氏への熱意を持てなくなっていったと語る。

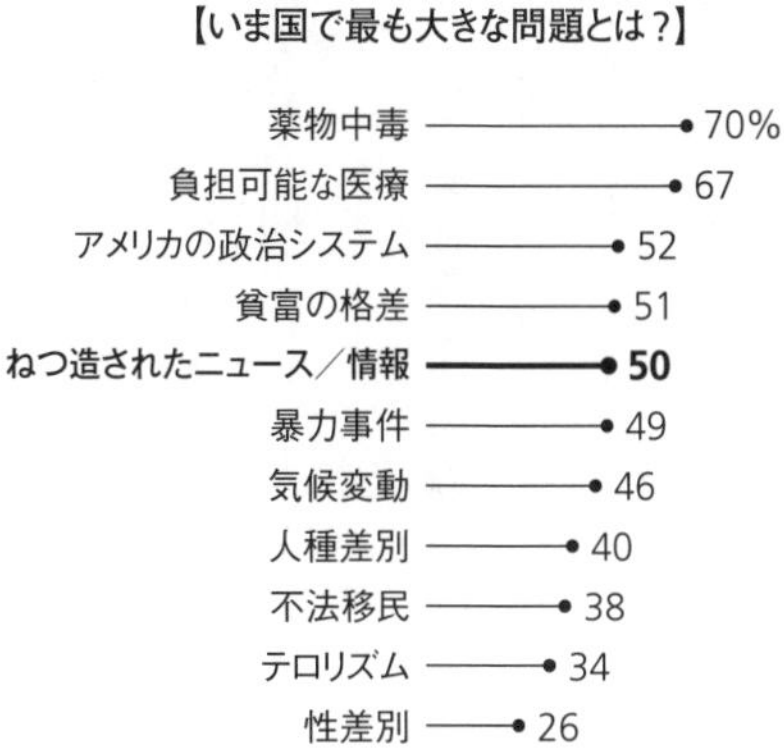

図1–4　アメリカ市民が関心を抱く社会問題
（2019年、ピューリサーチセンター調べ）

個人データによるプロファイリングは、後に詳しく見るように、個人の趣味嗜好を丸裸にする。そして様々な人物をプロファイリングすることで、本人がまだ気づいていないような潜在的な関心さえわかるのである。そこに、自分が見たい（見たくなる）映像が流れてきたらどうなるだろうか。映像は、文章や静止画よりも人の感情を刺激するとされる。私たちは冷静な議論ができるだろうか。

　こうした高度な偽動画作成の技術革新も相まって、情報の信頼性の問題はますます深刻化している。アメリカでは、「ねつ造されたニュース」が、気候変動やテロリズムよりも重要な社会問題としてとらえられているほどだ（図１―４）。

ＡＩによる世論操作の淵源へ

　こうした状況の中で、２０２０年の大統領選挙のキャンペーンは始まった。今回トランプ陣営が選挙キャンペーンのトップに任命したのが、ブラッド・パースケールという男である。前回の選挙ではトランプ陣営でデジタルキャンペーンの統括を担当した人物だ。デジタル分野のトップが選挙全体のマネージャーに昇格したことも、トランプ陣営のねらいを大きく反映しているに違いない。

　実は、このパースケール氏が率いる「ドナルド・トランプ２０２０キャンペーン」（以下、トランプ２０２０）で雇われている人の中には、前回の選挙に深く関与したケンブリッジ・アナリティカ（ＣＡ）の元社員も含まれている。一例を挙げるならば、元ＣＡ社員であるマシュー・オコウズスキーが設立したデータ分析会社「データプロプリア（Data Propria）」は、パースケール氏が差配するトランプ２０２０と契約している。データプロプリアにはＣＡのデータサイエンティストだったデイビッド・ウィルキンソン氏らも所属しているとされ、フェイスブックから流出した個人データが再び流用されないか疑念が持たれている。

パースケール氏は、ＣＡ事件が明るみになった後のＦＯＸニュースのインタビューで、こう答えている。「何度も言っていますが、私たちはソーシャルグラフ情報（ＳＮＳなどで人と人の結びつきを表すデータ）や心理学データは、決して使用していません」。フェイスブックから流出したデータを使用した事実はないと回答した。そのうえで彼はこう語った。

「私は、いま（２０２０大統領選のキャンペーン）もＣＡの元従業員と一緒に働いています。それは彼らがとても才能ある人たちだからです。ＣＡの元経営者でさえ自分が行ったことを認識できないようなことで、元従業員が罰せられるべきではありません。彼らを非難しようとは思いません。ＣＡのトップがやった愚かなこととは何の関係もないのに、メディアが誇張して伝えているだけです」

パースケール氏らは２０１８年から選挙活動を開始しており、すでに同年の中間選挙でもデータの収集などを行ったとされている。彼はあるインタビューで「様々な種類の広告があります。すべてをテレビで公にするわけにはいきませんが、そこで使うための多くの方法があります。特に全米のスウィングステート（選挙でどちらに転ぶかわからない州）で使うべき方法はすでに見つけています」と語っている。

２０２０年の大統領選のゆくえを考えるうえで、すでに忘れ去られつつあるＣＡ事件を避けて通ることはできない。ＣＡ事件はまだ終わっていないのだ。ＣＡ事件とは何だったのか。トランプ大統領の当選はどのように準備され、実行されたのか。そこに、高度化していく世論操作の実態と民主主義の未来を考えるヒントがあるのではないだろうか。

そのような思いから、私たちは２０１８年の夏、日本のメディアとしては初めて、ＣＡ事件の〝キーマン〟に独占インタビューを行った。当時、トランプ氏の黒幕と言われたスティーブン・バノン氏とともにデジタル戦略を築き上げたＣＡのデータサイエンティストで、後に事件の内部告発者としてメディアにも登場したクリストファー・ワイリー氏である。

彼はインタビューの中で、「ＣＡがフェイスブックのデータを消したと言っても、そのことを証明するのは困難であり、いったん流出したデータは二度と回収できない。データは複製できるし、ＡＩの学習データも残る」と話した。そのことは何を意味するのだろうか。

次章では高度化する現代の世論操作の象徴としてのＣＡ事件に、ワイリー氏の証言をもとに、あらためて光を当ててみたい。

第2章　恐るべき告発

——トランプ当選の黒幕、天才データアナリスト

2016年大統領選のキーマン

私たちは当時、CAをめぐる日本の報道を調査しながらある違和感を覚えていた。多くの報道が個人データの流出に焦点をあて、プライバシーの問題として取り上げていたのだ。その理由は、この事件で日本でもなじみ深いSNSであるフェイスブックの個人データが利用されたことにあるのだろう。アメリカのメディアの多くもまた、個人情報の流出をセンセーショナルに報じていた。

しかし、発信元であるイギリスでは違った。個人データの流出によって国民投票の結果や大統領選挙の結果がゆがめられた可能性があることが注目されていたのである。それは、この問題が内部告発によって明るみになったことが大きい。その内部告発者とは前章で述べた、CAの元社員クリストファー・ワイリー氏である。彼は後に、ミレニアル世代で最も著名な告発者の一人と言われるようになる。

イギリスでジャーナリストとして活動し、NHKのリサーチ業務も請け負う伏見香名子氏は、ワイリー氏を取材したいという私の電話に対してこう答えた。「ぜひやるべきです。イギリスに大きな衝撃を与え、ブレグジットを決めた国民投票でさえ、世論操作が疑われる事態になっています。日本でも、同じような過ちが起きる可能性があると思います」。そして私たちは４か月にわたる交渉を経て、ようやくワイリー氏から取材の許可を得ることができた。

「アメリカで起きたことは日本でも起きます」

２０１８年8月、私たちの目の前に現れたのは、日本で言えばオタクのような青年だった。１８５センチを超えるかという身長に、下はジーパン、上は白のトレーナーで、アニメのイラストがプリントされており、髪の毛はオレンジ色という奇抜なファッションだ。定期的に髪の色を変えているらしく、数か月後には緑色になっていた。一見しただけでは、この人物がアメリカの大統領選に深く関与していたと言われても誰もピンとこないだろう。

しかし、話し始めてその考えは吹き飛んだ。データアナリストとしての正確な知識に加え、難解な言葉を使うことなく自分がＣＡで何をしていたかを説明するさまは、彼がコンサルティング業務で顧客を説得する能力に長けていることを感じさせた。おそらくデータ利用に関する知識が一切ない政治家であっても、彼の言葉を聞けばその効果を納得し、説得されることは容易に想像ができた。

最初に私たちは、なぜ私たち日本メディアのインタビューを受けてくれたのかを尋ねた。

すると、事前のそっけないやりとりからは想定していなかった答えが返ってきた。

「いま、日本では興味深いことが起きていますね。例えば自衛隊の地位を変えるかどうかなど、憲法改正の国民投票の機運が高まっています。アメリカやイギリス、その他の多くの国で他国が選挙に介入しているのを見ると、日本で国民投票が実施された時に何が起きるのか、その懸念は火を見るよりも明らかです。アメリカで起きたことが日本でも起こりうるという事実に目を向けておくことが大事だと思います。

過去と現在の大きな違いは、日本だけでなく世界中の国でインターネットがあり、多くの有権者がオンラインにいることです。だから国内の政治プロセスに干渉するのははるかに簡単です」

ワイリー氏は日本で国民投票の機運が高まっていることを知り、開口一番、それが他国から干渉される恐れを指摘したのである。

日本でもアメリカの大統領選と同じことが起きうると語るワイリー氏だが、その話に分け入る前に、一つ注意しておきたいことがある。ワイリー氏がＣＡに在籍していたのは２０１３年６月～２０１４年11月のことであり、２０１６年の大統領選のキャンペーン中にはすでにＣＡを離れていた。彼がいた２０１３年は、まさにＣＡが創業した年である。

彼はＣＡの事業の根幹であるＡＩの設計やプログラムを担当するデータサイエンティストとして、８７００万人のフェイスブックデータの取得にも深く関与していた。大統領選のＳＮＳ戦略の基盤を構築したことは間違いない。

私たちは、ワイリー氏が在籍していた期間にこだわって取材を行った。また、彼が会社から持ち出した資料から裏が取れる部分も事実として紹介する。ＣＡの創業時から関わっていたワイリー氏を取材することで、ＣＡが何を目指し、どんな仕組みを作ろうとしていたのかを考えたい。

クリストファー・ワイリー氏の来歴

いったいＣＡは何をしていたのか。

ＣＡは、イギリスの軍事コンサルタント会社ＳＣＬ（戦略コミュニケーション研究所：Strategic Communication Laboratories）グループの子会社として誕生した。ＳＣＬは主にＮＡＴＯなどから依頼を受注して、情報作戦に特化したコンサルティングを行っている。いま世界の軍は陸・海・空に加えて、宇宙、そして情報の5つの分野を総合して作戦を立案している。古くから情報の有無が作戦の成否を決定づけると言われてきたが、ＩＴ革命によってその傾向は加速し、いま世界では複雑な情報戦が繰り広げられている。ＳＣＬでリサーチディレクターを務めていたワイリー氏が担当していたのは、対テロ戦争以降に急激に成長した「オンライン上のテロ対策」だった。それはテロリストの個人情報を調べ尽くし、仲間の通信ネットワークを調査して、その通信を遮断するというものである。これらはすべて軍事作戦の一つとして位置づけられていた。

なぜワイリー氏はＳＣＬに入ったのだろうか。少し遠回りになるが、彼の経歴を記しておきたい。

ワイリー氏はカナダ南西部のブリティッシュコロンビア州バンクーバー島で育った。両親ともに医者の家庭に第一子として生を享けた。恵まれた生活だったが、11歳の頃に神経障害と筋肉が弱体化する難病によって足が硬化し、他の子どもと同じように走れなくなる。ぎこちない歩き方から、いじめられるまでに時間はかからなかった。1年後には車いすに乗るようになる。同じ建物でも全く違って見え、世界は閉じていくようだった。そんな時に出会ったのが学校のコンピューター室だった。この部屋でだけは自分がのけ者にされているように感じなかったという。彼はプログラミングにのめりこみ、13歳で自分のウェブページを作った。両親も普通の学校に通わせるよりも彼の才能を生かせる道を与えていく。

その後15歳でインターナショナルスクールに通い始める。ここで、ルワンダのジェノサイドを生き延びた友達や、イスラエル人やパレスチナ人の同級生と祖国の未来について数多くのディベートをした。そこでワイリー氏は、それまで閉じていた世界が開かれるように、国際情勢や政治に興味を持ち始めたという。自分の珍しい障害や人生そのものが政治的になり得ることもこの時に学んだ。次第に歩けるようになり、17歳の頃にはカナダの首都オタワの議会で政治アシスタントとして働き始めた。２００７年のことである。

ちょうどこのころ、アメリカでは後の大統領バラク・オバマが「Yes we can」というわかりやすい言葉とともに、選挙で台風の目になりつつあった。オバマの選挙キャンペーンはこれまでの手法と全く違っていた。ツイッターやフェイスブックを活用し、草の根から支持を広げていたのだ。ＳＮＳの活用に関心のあったカナダの自由党は、アシスタントだったワイリー氏ら何人かをアメリカのオバマ陣営に派遣していた。

この時の経験が後の運命を決めるほどの衝撃を与えたと、ワイリー氏は述懐する。オバマの選挙キャンペーンを指揮する最深部。そこでキャンペーンマネジャーのケン・ストラスマ氏は、ワイリー氏にこう言った。「私たちがしていることはすべて予測に基づいている。誰にどんなテーマを話せばいいか、正確に把握しているんだ」。キャンペーンを支えていたのは、有権者のビッグデータであり、それを解析するＡＩだった。有権者の感情を動かさなければならない選挙キャンペーンに、データやプログラミングで動くＡＩが使われていることに、ワイリー氏は驚きを隠せなかった。この時、ＡＩの活用こそが今後の選挙戦略を左右すると確信するに至る。

しかし、当時のワイリー氏にそれを形にする力や環境はなかった。カナダに戻り21歳まで政治アシスタントとして働いたのち、一度政治から距離を置こうと、イギリスの名門ＬＳＥ（ロンドンスクールオブエコノミクス）に入学する。しかしここでもまた、政治から離れることはできなかった。草の根のオバマ戦略に深い関心を寄せていたイギリスの第三党・自由民主党が話を聞きにきたことをきっかけに、しばらく党の活動を手伝うことになる。

そして２０１３年、23歳の頃、自由民主党の知り合いから、ＳＣＬがデータサイエンティストを探していると聞いた。これまでさんざん政治の世界に身を置いてきたが、今度こそ新しいことにチャレンジしたくなっていたワイリー氏は、その求人が軍の防衛戦略に関わることと聞いて、がぜん興味がわいたという。

ＡＩが特定する「テロリスト予備軍」

彼がＳＣＬに所属することを決断したのは、テロを武力ではなく情報戦によって平和的に解決することに魅力を感じたからだった。

ちょうどこのころ、ＩＳ（イスラミック・ステート）が中東のイラクとシリアにまたがる地域で勢力を拡大していた。よく知られているように、ＩＳがそれまでの過激派組織と違ったのは、ＳＮＳを駆使して支持を拡大したことだった。それによってＮＡＴＯ加盟国からも大量の若者が戦闘員として中東に流れ込んだが、一方でＩＳは掃討作戦で追い詰められるにつれて、ヨーロッパ各国やアメリカにいる支持者にテロを行うよう呼びかけていく。ＳＣＬが対象にしたのがこうしたＩＳに共鳴する支持者のグループだった。このグループを特定し、テロを事前に防ぐにはどうすればいいのか。ＳＣＬはその対策をオンラインで行う研究を実践しながら進めていた。この研究に抜擢されたのがワイリー氏だった。

インタビューの中で、彼は自分の仕事を説明する時に、第二次世界大戦中に連合国側が飛行機から撒いた「投降を呼びかけるビラ」を例に挙げた。

当時はビラがどれくらい相手国の戦意喪失につながったのかは調べようがなかった。だがそれがオンラインであれば、誰がどれだけの時間見たのか、それを見た人がその後どのような動き（シェアや投稿）をしたのかなど、様々なデータを採取できる。それを可能にしたのはＡＩによるプロファイリングだった。

「私はＡＩの機械学習やアルゴリズムの進化を利用して、様々なターゲットのプロファイリングをより効果的に行おうとしていました。例えばフェイスブックの『いいね』やツイッターの投稿、あらゆる種類のオンライン上のフットプリント（足跡）、つまり人がデジタルプラットフォームを使った時に残るすべてのデータを取得するのです。その情報で、内在的な心理的属性をプロファイリングします。それによって会ったこともない人間の性格や家族構成、年収などを丸裸にできました」

テロリストとされる人物がどんな投稿に「いいね」をしたかのデータを１００件ほど集めれば、その人の人となりはかなり正確につかめたという。さらに驚くべきことに、彼らの様々なパターンをＡＩが学習すると、これからテロリストになり得る、「テロリスト予備軍」も明らかになるのだ。ＩＳの思想に共感する内容にどれだけ「いいね」をしていれば、あるいはどれほど過激な言葉や写真を投稿していれば可能性が高いのか、そのパターンをＡＩが学習することで見つけだすのである。

しかし、属性を特定しただけではテロを未然に防ぐことにはならない。次に彼らが行ったのは、そうして特定した「テロリスト予備軍」が過激な行動に走らないための有効な情報の伝え方を探すことだった。それにはイスラムの正統な教義を説く方がいいこともあれば、新たな求人広告を出す方がいい場合もあったが、いずれにしてもその情報を彼らの見ているＳＮＳ上に投下する必要があった。なぜＳＮＳなのかというと、ＳＮＳのユーザーにとって、そこは自分の親密な空間だからである。大量の広告をメールで受け取るよりも、ＳＮＳ上で表示された方が親近感を持ちやすいのだ。

ＡＩが見極めるのは流す情報の内容だけではない。最も反応が多いのはいつか。どんな言葉や写真をシェアしたくなるか。文言、写真、投稿のタイミング。ＡＩはすべてをパターン化し、学習していく。無数の組み合わせを分析させて、テロリストを抑え込んでいく。

「世界の宗教過激派の多くはオンラインで拡大しています。そのため欧米の様々な軍隊は過激派に対処するために、テロ対策のためのツール開発に心血を注いでいます。その第一歩が、オンラインで過激派の活動に従事する可能性が最も高い人物を特定できるようになることであり、彼らが過激化することを思いとどまらせるために、どのような情報やメッセージでそれらの人物をターゲティングすべきかを特定することなのです」

一方で、ＳＣＬはこうした解析技術を生かして、同時に各国の選挙キャンペーンのコンサルティング業務も請け負っていた。序章で触れたが、ＳＣＬが選挙キャンペーンに関わった国の数は68か国にものぼっている。

スティーブン・バノンとオルタナ右翼

平和的に戦争を解決したい——そう思いＳＣＬに入社したワイリー氏の将来に暗雲が立ち込め始めたのは、トランプ政権の黒幕として名を広めたスティーブン・バノン氏との出会いがきっかけだった。ワイリー氏がバノン氏と初めて会った時、彼は単なる「アメリカから来たスティーブン」に過ぎなかったが、バノン氏はＳＣＬの選挙キャンペーン技術を見逃さなかった。

バノン氏は海軍勤務後、ハーバードビジネススクールを卒業し、ゴールドマンサックスに就職するという輝かしい経歴を持つ。その後、右派系メディアを運営するアンドリュー・ブライトバート氏と知り合った。時は9・11のテロが発生した後のことである。ブライトバート氏の思想にほれ込んだバノン氏は、金融の知識を生かしてブライトバート氏に財務上のアドバイスをするなど親交を深めていった。その後、２０１２年にブライトバート氏が43歳の若さで亡くなると、バノン氏はブライトバートニュースの経営責任者として就任する。

そして、バノン氏の下でブライトバートニュースは移民やイスラムなどの問題を「伝統的な保守思想」にしたがって報道するようになった。それは「攻撃的ジャーナリズム」と呼ばれ、事実よりも人々の熱狂を重視した報道だった。その熱狂はネット上の右翼思想の人々を呼び覚まし、のちに彼らはこれまでの既存の右派とは一線を画した「オルタナ右翼」と呼ばれるようになる。

バノン氏にとって、こうした活動は成功体験となっていたのだろう。彼はあることに固執していた。それは、文化をどうすれば変えられるのかということだった。

「私たちがバノン氏と議論したことの一つが、ＡＩのプロファイリングによって、どうすれば国民の文化を変えられるかということでした。その際、彼は繰り返し〝文化戦争〟という言葉を口にしました。彼はその用語を意図的に使っていました。戦争をするためには武器が必要です。そして、文化の中で戦争をするために必要な武器は〝情報〟です。この時バノン氏は、武器を手にしたと思ったでしょう。ＳＣＬの軍事技術は、アメリカ国民の文化を変えることに利用されることになったのです」

バノン氏が構想する〝文化戦争〟

なぜバノン氏は〝文化戦争〟という言葉を用いるのだろうか。それは、ブライトバートニュースの創設者アンドリュー・ブライトバートの信条である「政治は文化の下流に存在している」という言葉に裏づけられたものだ。それは「政治を変えたいなら、政治自体に注力すべきではない。文化を変えることに注力すべきだ」という考え方である。文化を変えられれば、「政治は自然にそこから流れ出すから」だ。ワイリー氏によると、当時バノン氏は「アメリカは世界における目的や自分の居場所を見失っている」と話していたという。再びアメリカが栄光を取り戻すためには「壁が必要だ」と、バノン氏は大統領選の3年前から語っていたというのだ。

二大政党を軸にしたアメリカの民主主義は、保守とリベラルが振り子のように揺れ動く。しかし、バノン氏が目指したのは過激な転換だった。これまでにも共和党の一部に彼のような過激な右翼思想を持つ人物は存在したが、政権の主流になることはなかった。過激な右翼思想を持つ人物が政権の中枢を担うには、アメリカ文化を変容させることが必要だったのである。

文化戦争を仕掛けるワイリー氏らのプロジェクトは「リポン（Ripon）」と命名された。リポンとは共和党の生誕の地として知られるウィスコンシン州にある地名である。1854年3月20日、リポンのある学舎で、「もしも奴隷制を容認する法律が可決されるならば、反奴隷制を掲げる政党を結成する」という集会が行われた。そこから共和党が誕生することになる。当時、奴隷制の維持を主張する保守政党が民主党であり、奴隷制廃止を唱える革新政党が共和党だった。1861年に共和党のリンカーンが大統領に就任すると、南部の州が次々とアメリカ合衆国を離脱し、同年南北戦争が勃発した。

なぜ黒人差別的な言説を広めたバノン氏がこの名を選んだのかはわからない。しかし、共和党は国家の考え方をめぐって革新的な主張を行ってきた政党であり、戦争によって文化を変えたその闘い方に自身の行動を重ね合わせたのかもしれない。原点回帰を目指したとでもいうのだろうか。

バノン氏がワイリー氏らの活動を知った後に資金援助を求めたのが、ロバート・マーサーとその娘、レベッカ・マーサーいう人物だった。

マーサー氏はコンピューター科学者で、1990年代に金融工学を駆使した投資で巨万の富を得たヘッジファンド、ルネッサンス・テクノロジーズの共同最高経営責任者である。マーサー氏はトランプ氏への巨額の献金を行っていることでも注目を集めたが、大手メディアの取材にはほとんど答えていない。保守的な思想を持つとされるが、多くは謎に包まれている。

おそらく金融工学の知識が深いマーサー氏は、ＳＣＬが活用していたＡＩのプロファイリングやパターン分析を、政治に活用する意味を瞬時に理解したのだろう。マーサー氏とバノン氏はブライトバートニュースを通じて２０１１年ごろに知り合ったとされている。マーサー氏はバノン氏の政治活動に魅了され、ブライトバートにも出資をするようになっていた。

マーサー氏がＳＣＬに多額の投資を行ったことで、バノン氏と娘のレベッカ氏は新たな会社の取締役に就任することになる。そして、その会社はバノン氏によって「ケンブリッジ・アナリティカ」と名づけられた。

OCEANがもたらした選挙戦略

ケンブリッジという名前がついているものの、この組織はイギリスの名門として知られるケンブリッジ大学とは組織的に関係はない。ワイリー氏らは、この会社でプロジェクト・リポンをブレイクスルーさせる新たな発想を得たのである。

ワイリー氏はスタッフと議論を重ねる中で、あることに気づいた。文化や信仰は、国によって違う。また、連綿と続く地域の歴史・慣習・言語なども、様々な文化によって縛られている。それはワイリー氏がイギリスで自由民主党のキャンペーンに関わっていた時のフィールドワークで気づいたことだった。時に文化や信仰は個人を地域に縛りつけ、時に慣習をはみ出す者への排除も生み出す。一方で地域や人種は国内の多様性を生み出し、魅力的な文化の創出につながる。

これまでのイギリスの選挙戦略は地域ごとの特色をとらえ、白人が多い地域には伝統的価値に訴えるメッセージを、黒人が多い地域には自由や平等を実現しようというメッセージを訴えることが一般的だった。しかし、オンライン上では物理的な地域は無視できる。そこにあるのは無数のコミュニティだけだ。そのためオンラインで政党のメッセージを伝えるには、これまでの選挙活動のように、地域ごとにメッセージを変えるのではなく、拡散する・したくなるメッセージをデザインすることが必要となる。

ワイリー氏はそのためには、怒りや不安、喜びなど、人間の逃れられない心理属性に重点を置かなければならないと考えた。

「私が興味を持ったのは、人々の文化や言語にかかわらず、人間の共通する属性をプロファイリングして、予測できるアルゴリズムを探すことでした。重要なのはその人の性格です。なぜなら心理学における性格特性は人間の普遍的特質と呼ばれるからです。世界中のすべての人は、特定の性格特性を持っています。性格の研究を見れば、人間は文化にかかわらず同じ特性の集まりであることがわかります。それはいわゆる5大モデル、性格の5因子モデル・OCEANです」

OCEANとは、5つの性格特性に基づく心理分析で、その頭文字からそう呼ばれる（ビッグファイブとも）。以下がその5つである。

Openness（開放性。知的好奇心の強さ）
Conscientiousness（誠実性。自己統制力やまじめさなど）
Extraversion（外向性。社交性や活動性など）
Agreeableness（協調性。他人のことをどれだけ考えられるか）
Neuroticism（神経症的傾向。ストレスに対する耐性）

1960年代にアメリカの心理学者ルイス・ゴールドバーグ氏が提唱したこの性格の特

性論は心理学の分野で発展していくが、それはあくまでカウンセリングなどの専門的な領域でのことだった。個人の性格特性を特定するためには長期間にわたる調査、もしくは個々人に心理テストを行う必要があったからである。だが性格の特性論は、次第にマーケティングの分野で関心が高まっていく。

そしてオンラインの技術によって性格特性の心理分析を一般に使えるようにしたのが、ケンブリッジ大学に在籍していたミハエル・コジンスキー博士である。彼らは計量心理学の分野で「ケンブリッジ学派」と呼ばれる。ワイリー氏はコジンスキー氏に一度協力を持ちかけるが、氏は最終的にこの依頼を断っている。だがワイリー氏らは後に別のルートから計量心理学の研究者の協力を得ることに成功した。

8700万人分のデータ流出

ワイリー氏が接触したのが、ケンブリッジ大学の心理学者アレックス・コーガン氏である。2013年、コーガン氏は自身で開発した「これがあなたのデジタルライフ（This Is Your Digital Life）」というアプリをリリースしていた。アンケートに答えれば協力料として数ドルが支払われるため、ちょっとした小遣い稼ぎの感覚でアプリをインストールした人もいただろう。このアプリはフェイスブックからユーザーに提供されたものだが、アプリをインストールするとその人の個人データだけでなく、友達登録されたすべての人の個人データも同時に吸い上げる仕組みになっていた。アプリを利用したのは30万人だったが、実際にコーガン氏が入手したデータは８７００万人分に上った。

この第三者のデータの取得の許可まで得られるフェイスブックの機能は、２０１５年４月30日まで使用可能で、４万にのぼるアプリ開発企業が利用していたとされる。実際コーガン氏は、議会の証言でフェイスブックからの同意を得ていたとして無罪を主張した。実はこのフェイスブックの機能は２０１０年時点でアメリカの連邦取引委員会（ＦＴＣ）が警告を発していたが、結果的に5年もの間対策は講じられていなかった。

ワイリー氏らは、コーガン氏が設立したグローバル・サイエンス・リサーチ（以下、ＧＳＲ）という会社からフェイスブックデータを１００万ドルで購入した。その時の記録（領収書や請求書、銀行送金の記録コピー）を議会に提出している。こうして、ＣＡの事業の根幹となるデータベースが整うこととなった。

フェイスブックと心理分析

ここで少し話は逸れるが、フェイスブックとＣＡとの関係にも触れておきたい。

コーガン氏が２０１４年5月に設立したＧＳＲという会社は、ＣＡから80万ドルの出資を受けている。主要な取引先はＣＡの親会社であるＳＣＬだった。

このＧＳＲの共同設立者の一人であるジョセフ・チャンセラー氏は、２０１５年11月ごろから２０１８年中旬までフェイスブックの社員だったことが明らかになっている。チャンセラー氏は２０１５年9月にＧＳＲを辞めたあと、フェイスブックの本社があるカリフォルニア州メンローパークで、同社のユーザー・エクスペリエンス・リサーチチーム専属の心理学者として働いていた（フェイスブックにはチャンセラー氏のような研究者が複数所属し、利用者の心理についての研究を行っていることが知られている）。ＣＡの一連のスキャンダルが発覚するとひっそりと解雇されているが、フェイスブックはイギリス議会やアメリカ議会で行われた公聴会でも、チャンセラー氏が行っていた仕事の具体的な内容や解雇された理由について明確な証言を拒んでいる。だがフェイスブック側はイギリス議会で、チャンセラー氏が以前ＧＳＲに勤めていたことを知ったうえで彼を雇用しており、スキャンダルが明らかになったあとも処分を行わなかったことを認めている。

２０１７年にオーストラリアで起きた情報漏えい事件では、フェイスブックがユーザーの心理的状態をリアルタイムで把握し、利用者が不安に思っていたり、自信をなくしたりしているタイミングを把握できることが記された広告主向けの広報資料が流出しており、同社がデジタル広告と心理学的要素について研究を行っていることが明らかになった。つまりフェイスブック社は、顧客の要望に応じて特定の人々に広告を送るシステムを構築しているのである。

イギリス議会は２０１９年2月に公表したリポートの中で、フェイスブックについて、ＣＡが個人データの保護規約を破ったと主張しながら、ＣＡが購入したデータの作成に関わったチャンセラー氏を長年雇用していたことから、同社の言動が矛盾していると指摘し、同社はそもそも個人データの保護に十分な配慮をしてこなかったと結論づけている。

内部告発後、ワイリー氏はこうしたフェイスブックのデータの利用規則についても批判を強めていた。するとワイリー氏はフェイスブックのアカウントを削除され、以降登録できなくなってしまったという。取材した際も、登録できないフェイスブックの画面を見せながら言った。

「フェイスブックは開かれたコミュニティを自称していますが、彼らの目的はデータ収集であり、それを使ったビジネスについては注目されたくないのです」

マイクロターゲティングによる世論操作の歴史

ちなみに、個人情報から個人の特性や趣味嗜好を解析し、表示される広告をカスタマイズする「マイクロターゲティング」の手法が政治的に利用されだしたのは、トランプ大統領が誕生した２０１６年のアメリカの選挙が初めてではない。アメリカでマーケティングの手法が選挙に応用される過程が詳しくまとめられた平林紀子氏の『マーケティング・デモクラシー』（春風社、２０１３年）によると、それまで議会選挙で用いられていたマイクロターゲティングを大統領選で初めて大々的に展開したのは共和党のジョージ・Ｗ・ブッシュ（２００４年の大統領選）だった。この時共和党は新たなデータベースを構築し、有権者の投票歴や献金、ボランティアなどの政治活動、価値観、連絡先などを消費行動などのデータとマッチングさせた。これらは「有権者データ金庫室」と名付けられた。収入や定期購読雑誌、好きなテレビ番組などによって、人々を32のカテゴリーで分類し、何が彼らを怒らせる争点なのかを特定する試みである。こうしたデータはダイレクトメールや個別訪問の会話などに生かされた。

そして、マイクロターゲティングの手法を草の根の選挙活動に活用したのはオバマ大統領の選挙陣営だった。革命的だったのは、インターネットやＳＮＳの広告を大々的に選挙キャンペーンに活用したことである。キャンペーンを視察したワイリー氏も、データとＡＩによる選挙戦略に衝撃を受けていた。オバマ陣営は〝市場調査〟によって人々が変化を求めていることを突き止め、自身のブランドを「変革」に定めた。陣営がマイクロターゲティングによってねらいを定めたのは、インターネットを使いこなす若年の高学歴層である「ミレニアル世代」だった。ＳＮＳ上に誕生したオバマを支持する集団を互いに競争させて、より多くの関与と献身を引き出したのだ。

ある専門家は、共和党がオバマ陣営にＳＮＳ上で敗北したことが、後にトランプ陣営のＳＮＳ戦略による逆襲につながったと指摘している。そしてその逆襲のために共和党が参考にし、利用したのが民主党のオバマキャンペーンであり、ＡＩの力に衝撃を受けたワイリー氏だったのである。

トリニダード・トバゴでの世論操作実験

２０１３年12月、ＣＡで一つのプロジェクトが始まった。後にＣＡのプロファイリングの根幹を成すことにつながるプロジェクトである。それはトリニダード・トバゴという国全体を対象にした実験だった。

トリニダード・トバゴは、カリブ海に浮かぶトリニダード島とトバゴ島の2島を中心とする島国である。1889年にイギリスの植民地になるまで、2島はヨーロッパの別々の国々に支配され、大規模な砂糖農園経営のために、カリブ地域生まれのアフリカ系奴隷やアフリカからの奴隷が連行されてきた。しかしその後奴隷制が廃止されると、1845年に人手不足を補うためイギリス領だったインドから大量の契約労働者が流入し、現在につながる多様なエスニシティが形成されるようになる。現在の人口は約139万人。インド系が35・4%、アフリカ系が34・2%と半数以上を占め、混血は23%である。英語を公用語とし、ヒンディー語やフランス語やスペイン語も話されている。

立法府は上院・下院の二院制で、主な政党はアフリカ系を支持基盤とするPNM（People's National Movement）と、インド系を支持基盤とするUNC（United National Congress）である。長らくPNMが政権を担ってきたが、インド系の社会進出が増えるにつれて、1995年にはUNCから初のインド系の首相も誕生した。その後政権交代が起きたものの、再び2010年に野党だったUNCが野党連合を組み、政権に返り咲いた。

この２０１０年の選挙でＵＮＣを支援していたのが、ＳＣＬだった。彼らが標的にしたのは、対立するアフリカ系の若者たちである。人気のラッパーやダンサーが出演するキャンペーンビデオを製作、ＳＮＳで拡散し、彼らに投票に行かせないための〝Ｄｏ Ｓｏ〟（そうしろ）キャンペーンを展開した。Ｄｏ Ｓｏという言葉には「選挙なんてかっこ悪い。投票に行かないことで社会への抗議を示そう」という意味が込められていた。ＳＣＬでこのプロジェクトを担当した社員はこう語っている。「若者たちは選挙に関心がない。だからキャンペーンも非政治的である必要があった」。実はＳＣＬは事前の調査で、アフリカ系の若者は投票しないが、インド系の若者は親の言いつけを守る傾向にあり、キャンペーンによって投票率に差が出ることがわかっていた。担当者によれば「18歳から35歳までの年齢層では、アフリカ系との投票率の差は40％あり、全体では６％の差が生まれた」という。こうした証言に対し、ＣＡのスキャンダルの後、ＵＮＣはＳＣＬとの関係を否定している。

だがワイリー氏は、その後政権与党となったＵＮＣとＣＡが関係を深めていったと証言する。インタビュー時にはトリニダード・トバゴで行った〝実験〟に関する資料を見せてくれた。それは、軍事開発で培ったプロファイリングによるマインドコントロールを政治に応用するための実験だった。この時トリニダード・トバゴの国家安全保障の担当者から、国勢調査の情報とＩＳＰデータへのアクセス権を認められたという。ＩＳＰデータとはインターネットのプロバイダーが保有するデータで、利用者のインターネットの閲覧履歴などが含まれる。このデータと国勢調査が提供されたとなれば、１３９万の全市民は丸裸にされたと言っていい。狭い島国での実験は、結果を測定しやすい点でメリットがあった。

「プロジェクトの目標の一つに、市民の様々な種類の行動を推論できるかどうかを調べることがありました。特に犯罪行動や反社会的な行動の予測に主眼が置かれていました。とても興味深いことです。なぜなら、例えば現在中国が行っていること（信用スコアなど）を見てください。全く同じことをしています。トリニダードでの私たちの小さなテストケースは、世界中でいま行われている他の様々なプロジェクトにヒントを与えたかもしれません」

ＳＣＬが開発した、データを組み合わせて人々の傾向を見極めるアルゴリズムは、どんな人間が犯罪を起こすのかや、政府に反対する人間に共通する傾向を割り出すための巨大な監視システムである。バノン氏が興味を持っていたのは、ここで開発されたアルゴリズムを拡大させて、アメリカの有権者に適用することだった。

5つの性格特性に合わせた動画広告

ＣＡの元社員ブリトニー・カイザー氏が内部資料を提供したツイッターアカウント「@HindsightFiles」では、ちょうどこのころＣＡが関わっていたキャンペーン資料が公開されている。オバマ政権時代の２０１４年の中間選挙でＣＡが支援していたのは、共和党の資金集めのためのキャンペーンだった。依頼があったのは、ブッシュ政権で国連大使を務めた経験があるジョン・ボルトン氏の政治活動団体からだ。ボルトン氏は後にトランプ政権で大統領補佐官となる人物である。

当時、ＣＡがＯＣＥＡＮのプロファイリングに基づいて作成した映像広告がある。ここでは、５つの心理特性に合わせて、映像の狙いが書かれている。本書の巻末に動画のＵＲＬを記したので、興味がある方はぜひ見てほしい。

- **誠実性**：誠実な人は、秩序正しく伝統的である。リーダーの資質を賞賛する。広告は、彼がアメリカを安全に保つプランを持っていることを視聴者に伝えている。
- **協調性**：この広告は高い協調性と思いやりがあり、みんなにとってベストなことを求める人をターゲットにしている。子供たちのためにより安全でより強いアメリカを残すには、安全保障を優先している候補者を支持する責任があると視聴者に伝える。

・**神経症の傾向**：これらの広告は、心配性な人たちをターゲットにしている。彼らは不安を抱き、世界を危険な場所と見なしがちだ。アメリカが直面している脅威、この場合はイスラム教のテロを強調し、アメリカを安全に保つために強力な安全保障政策を支持すべきだと視聴者に伝える。

・**開放性**：開放性の高い人々は、新しいアイデアや変化に引き寄せられる傾向があり、より広い世界に関心を持っている。この広告は、非正規の安全と軍事への投資を海外の不安定性と結びつけており、安全保障に強い候補者に投票することで、世界にポジティブな変化をもたらすことができると視聴者に伝えている。

・**外交性**：この広告は、アメリカ社会の様々な分野の「リーダーシップ」に基づいて作成されており、外向性の高い人々を対象としている。これらの人々にはエネルギーがあり、決定的な行動をする人を賞賛する傾向がある。

それぞれの広告はどれも30秒ほどだが、使われる映像が微妙に異なっていたり、編集の順番が違っていたりと、工夫が凝らされている。例えば神経症の傾向のある人向けの広告では、アメリカに難民が大挙して押し寄せる映像などが使われた。そうした問題を提示したうえで、ボルトン氏が支援している共和党の候補者こそが課題を解決できると、視聴者の心理的特性に合わせて作り替えているのである。

こうした広告を利用したことで、共和党は有権者の４割にアプローチすることができ、陣営はアーカンソー州とノースカロライナ州で勝利し、ニューハンプシャー州では予想を上回る投票結果につながったと、ＣＡの資料は報告している。

またワイリー氏によれば、このころＣＡはキャンペーンの目標を定めていた。ターゲットにしていたのは、有権者登録はしているものの過去2回の選挙に行っていない人だった。このうちの25%が共和党に投票してくれれば民主党に勝てると見積もっていた。彼らは州全体で見れば１％ほどの割合に過ぎないが、僅差での勝利を決定づける可能性があり、バノン氏はそこに勝利の鍵があると見ていたのである。

陰謀論者を見つけだす

こうしてワイリー氏らは、アメリカで文化戦争を起こす「武器」を見つけた。オンライン上でのデータと性格特性ＯＣＥＡＮに基づくプロファイリングを手に入れたプロジェクト・リポンはさらに過激になっていった。ＯＣＥＡＮの最も有効な使い道は何かを考える中で、一見普通の投稿をしている人の中から、陰謀論に傾きやすい人や偏執症の傾向がある人を見つけだす研究を始めたという。

「それらの人々は、右翼的な種類の写真やメッセージを見せられると、それが真実であろうとなかろうと信じる可能性が最も高い人々です。彼らの精神的脆弱性を利用して、戦闘員を培養していくのです。真実の情報を見るよう働きかけるのではなく、陰謀情報をさらに見るように働きかけるわけです」

彼らに送りつける政治広告は、実際のニュースサイトやブログだけではない。送り主さえ実在する会社や人物でないこともある。まず彼らに、周囲の人々やこれまでの友人と関係を断つよう働きかける。友人や主流メディアへの不信感を植えつけていくのだという。「メディアは嘘をついている」と。不信感を植えつけられた人々は徐々にゆがんだ世界観を持つようになり、自律性が失われていくのだという。

フェイクニュースという言葉が世を席巻したのは２０１６年の米大統領選のころだった。それを主導したのはトランプ大統領だったという指摘があるが、果たしてそうだろうか。トランプ氏の発言はその真偽に関係なく拡散していった。その背景に、ＣＡによる市民への心理分析があった可能性があるとワイリー氏は指摘する。

「私たちは人々を本気で怒らせることができます。彼らは真実ではない何かに対して怒っています。しかしスティーブン・バノンにとって、真実かどうかは関係ありませんでした。彼が望んでいたのは反乱だったからです。先ほどお話ししたように、彼は文化戦争をしたがっていました。戦うためには戦闘員が必要です。ＩＳが採る戦略を見てください。いま考えると、当時自分が準備していたことは中東や北アフリカのイスラム過激派がやっていることと変わりありませんでした。事実やイデオロギーが完全にゆがめられていくのです」

　ワイリー氏は徐々に、自分はとんでもないことに加担していると考え始めたと述懐する。バノン氏の危険な言動は徐々にエスカレートしていた。「壁を作れ」といった言葉や、「ディープ・ステート」について語っていたことを覚えているという。ディープ・ステートとは、アメリカは特権階級による闇の組織に操られているという陰謀論である。これらの言葉は大統領選の期間中ＳＮＳにあふれ、全米に浸透していった。この思想を広めることもバノン氏の計画の内だったのだ。

トランプキャンペーンと巨大テック企業の協力

では、ワイリー氏らが築いたSNSの選挙戦略は実際のところどのように大統領選に活用されていたのだろうか。トランプ陣営でCAと共にデジタル戦略を担当していた人物に、テリーザ・ホン氏という女性がいる。彼女はテキサス州の事務所で、CAが作ったデータセットを元に、トランプ氏になりきってSNSのメッセージを考案していた。

選挙後の2017年8月、ホン氏はBBCの取材を受けている。トランプ陣営は8500万ドルもの金額をフェイスブックにつぎ込み、連日100種類もの政治広告を作ってSNSに流した。彼女は「私たちが作った広告の中には児童福祉に関する内容もありました。特にシングルマザーが関心を寄せるテーマです。もちろんトランプ氏は選挙中に児童福祉については言及していませんが、効果がありました」と語っている。そのほとんどはAIのテストを経て、ホン氏らによって作られていた。そして彼女が強調したのは、フェイスブックの存在だった。フェイスブックがなければトランプ大統領の勝利はなかっただろうと断言している。

CA元社員のカイザー氏は、CAでの体験を明らかにした自伝『告発』の中で、大統領選のCAチームの隣にはフェイスブック、グーグル、ツイッターから派遣された社員がいたことを明らかにしている。彼らはトランプ陣営に〝一段上のカスタマーサービス〟を提供していたという。例えばフェイスブックは、フィード上で特定の人だけが見ることのできる「ダークポスト」と呼ばれる広告の作り方を教えたり、グーグルはユーザーの「第一印象」をコントロールするための検索用語を容易に使えたりするようにした。ユーザーが「トランプ」「イラク」「戦争」と検索すると、最初に出てくるのは「ヒラリーはイラク戦争に賛成した。ドナルド・トランプは反対した」という内容で、同時にトランプの政治資金団体へのリンクバナーが表示されるようになった。

大統領選でOCEANのプロファイリングは利用されたか

ワイリー氏やバノン氏が準備していたＯＣＥＡＮの心理分析によるマイクロターゲティングは、実際に大統領選で利用されていたのだろうか。ＣＡは問題が発覚する以前は最新鋭の技術であるＯＣＥＡＮの心理分析の威力を宣伝していたものの、問題が発覚して以降、大統領選にこの技術は使っていなかったと声明を出している。

まずＯＣＥＡＮの使用に否定的な視点をもつのは、フェイスブックでマイクロターゲティングのシステムを開発していた元社員アントニオ・マルティネス氏である。２０１８

年の時点でのフェイスブックのシステム上では、性格の外向性や開放性などの項目が存在しなかったため、性格判定をもとに政治広告を送ることはできないのではないかというのだ。また、流出した8700万人の心理分析データをフェイスブックのシステムで使うためには、データをどうにかしてフェイスブックのシステムに入力する必要があり、これほど困難なことを短期間でできるとは思えないとも語る。

一方、CAのもう一人の内部告発者であるカイザー氏は、利用されていたと考える。なぜなら大統領選前にOCEANによるマイクロターゲティングのテストが何度も行われていたことを見ていたからだ。CAはOCEANの中で「非常に神経質」と分類された30万人を選び出し、そこから関心をもつ問題別に彼らをさらに20のグループに分割してから、様々な件名のメールを送った。有権者を「怖がらせるもの」「安心させるもの」「怖がらせかつ安心させるもの」、そして「一般的なタイトルのもの」。このメール送信の目的は、メールを受け取った本人がどの件名だとメールを開きやすいかを知ることにあり、その結果は「怖がらせる」件名で、ほかの件名と比べて20%も高い効果があったという。この時につけられた「怖がらせる件名」は「ヒラリーは米国を破壊する」だった。つまり、SNSではなくダイレクトメールによるターゲティングだったのだ。

大統領選でＯＣＥＡＮによる心理分析が使われたのか否か、今回の取材で確証を得るには至らなかった。ただ大統領選の期間中にＣＡはそれらの学習データを持っており、テストまで行っていた。ボルトン氏の選挙でも広告が作成されていたことを見れば、少なくとも有権者はそういったターゲティング技術があることをまずは知っておくことが必要ではないだろうか。

ターゲットにされたある男性の告白

２０１８年９月末、私たちはニューヨークのマンハッタンにあるパーソンズ・ニュー・スクールを訪れていた。かつてナチスの迫害から逃れてきた哲学者ハンナ・アーレントが教鞭をとっていたことでも知られるリベラルな大学である。

取材の目的は、ＣＡの「被害者」に会うことだった。その被害者とは、大学でメディア論を教えるデイヴィッド・キャロル准教授である。キャロル氏はこの時、自分のデータがＣＡにどう使われ、自分はどんな影響を受けたかを突き止めようと、ＣＡに対して収集したデータの開示を求める訴訟を起こしていた。

キャロル氏はこれまで、民主党の選挙活動に積極的に関わってきた。オバマ氏が勝利した２０１２年大統領選ではニューヨークの隣のペンシルバニア州フィラデルフィアまで赴き、戸別訪問などの選挙活動を行っている。しかし２０１６年の大統領選では、民主党から立候補したヒラリー・クリントン氏を応援する活動には一切関わろうとしなかった。彼はその時のことをこう語る。

「クリントン氏について私は、あらゆるスキャンダルの情報を受け入れてしまい、本来持つべきだった熱意を持てなかったのです」

大統領選のキャンペーン期間中、キャロル氏のフェイスブックやツイッターには、クリントン氏を批判・誹謗中傷する大量の広告が表示されていた。その情報にはメールの流出問題などの事実に基づくものの他に、汚職事件などの嘘が大量に混ざっていた。フェイスブックを開くたびにそうした広告が表示されるため、何が本当で何が嘘なのか、キャロル氏には見分けがつかなくなっていったという。そうしてクリントン氏を有権者に勧められるほどの熱意を持てなくなっていったキャロル氏は、その時の自分の状況を「何もやる気が起きない鬱のような状態」だったと表現した。

彼はリベラルな考えを持ち、トランプ氏の女性蔑視的、人種差別的な発言、移民問題への過激な提案は、当時もいまも自分とは相いれないと語る。キャロル氏が２０１２年にオバマ氏のキャンペーンを応援した理由の一つには、当時共和党の副大統領候補にその名が挙がっていたサラ・ペイリン氏の人種差別的な発言に対する危機感もあった。トランプ氏は、そんなペイリン氏を上回るほどの発言を繰り出していた。それなのにいったいなぜ、自分は行動を起こさなかったのか。

選挙から1年が過ぎたころに飛び込んできたのが、ＣＡがフェイスブックの個人情報を大統領選に利用していたというニュースだった。大きな衝撃を受けたキャロル氏は、自分がどんな攻撃にさらされていたのかを知りたいと思い立ち、訴訟を起こすことにした。イギリスの法律では、個人情報を利用された人は利用した相手に対し、自分の個人情報をどのように使ったのか開示請求を行うことができる。この法律を利用してＣＡに訴訟を起こしたのである。

そしてその開示請求に基づき、ＣＡから一通の手紙と分析結果を受け取った。手紙には、個人データの取得目的は以下の理由からだと記されている。

ａ　世論や行動の調査と意識調査のため

ｂ　統計的な分析と予測アルゴリズムの開発のため

National Debt Importance Rank [1-10]	10
Gun Rights Importance Rank [1-10]	3
Traditional Social and Moral Values Importance Rank [1-10]	9
Environment Importance Rank [1-10]	5
Education Importance Rank [1-10]	4
National Security Importance Rank [1-10]	7
Immigration Importance Rank [1-10]	8
Socially Progressive Civil Rights Importance Rank [1-10]	6
Jobs and Economy Importance Rank [1-10]	1
Healthcare Importance Rank [1-10]	2
Registered Partisanship	Very Unlikely Republican
Unregistered Partisanship	Very Unlikely Republican
2016 General Election Turnout Propensity	Very High

図2–1　キャロル氏がCAから受け取った自身の分析結果の一部。10の項目が順位づけされている

c　（選挙の）アプローチサービスの支援のため

分析結果には、キャロル氏の政治的関心が10の項目にわたって記されていた（図2－1）。10の項目は以下の通りである。「財政問題」「銃を保持する権利」「伝統的な価値観」「環境問題」「教育問題」「安全保障問題」「移民問題」「進歩的な市民権について」「雇用と経済問題」「医療保険問題」。10項目にそれぞれ10段階のランクがつけられ、どの分野に関心があるかが記されている。氏は雇用や経済問題、医療保険問題については関心が高く、財政問題や伝統的な価値観は関心が低いと分析されていた。また共和党員ではないとされ、「心変わりする可能性があるか」については「とても高い」と分析されていた。キャロル氏はこの「共和党員ではなく心変わりしやすい」という分析によって、自分が攻撃の対象になった可能性があると言う。

だが、公開された分析は一部にすぎないと氏は考える。ＣＡ側はキャロル氏の個人データで利用したのは購買記録や過去の投票歴など、データ会社から購入できるものだけで、フェイスブックの個人情報は使われなかったと回答している。その回答に疑念が消えないことから、キャロル氏はその後も訴訟を継続している。

投票抑制作戦

この通知結果と、当時自分に起きたことから、キャロル氏は自分が「投票抑制」（Voter suppression）の攻撃対象だったのではないかと考えるようになった。投票抑制とは有権者を選挙に行かせないためのキャンペーン戦略の一種である。この投票抑制について、ワイリー氏は様々な手法を明かしていた。それは単に候補者のネガティブな情報を流すだけではない。間違った投票日を知らせることや、投票日に他のより関心が高い出来事を通知すること——例えば主婦に対して、スーパーの大安売りの広告などを送り付けることも有効だと話した。個々人のプロファイリングによって何がもっとも効果的なのかをＡＩが判断するという。だが、これらが本当にトランプ陣営によって行われたのかどうかを確認することはできなかった。

キャロル氏が受け取った、クリントン氏に関する大量のネガティブな情報。それらの情報によって彼が本当に選挙に行かなくなったのか、その因果関係についてキャロル氏は慎重に言葉を選んだ。少なくとも彼は、何か決定的な広告を見てクリントン氏に熱意を持てなくなったわけではなかった。ＳＮＳで広告を普段より目にすることで、いつの間にかクリントン氏への熱意を持てなくなっていたのである。

大統領選が佳境を迎えた２０１６年10月、トランプ大統領のデジタル戦略の責任者を務めていたブラッド・パースケール氏の発言は人々に大きな衝撃を与えた。彼はブルームバーグの取材に対して、フェイスブックのマイクロターゲティングの技術を使って「投票抑制作戦」を繰り広げていると明らかにしたのである。彼は取材に対し、トランプ氏に投票しそうな有権者を16の激戦州で１３５０万人特定したが、その数はどんどん減少傾向にあるので、代わりに3種類の投票抑制作戦を繰り広げる計画があると回答していた。

またバノン氏によれば、クリントン陣営が得票数を伸ばすために開拓しなければならない「白人のリベラル主義者」「若い女性」、それに「黒人」を対象に、投票に行かせないようにする投票抑制作戦を展開したという。人気漫画のタッチで描かれたクリントン候補が「こうした若者は捕食動物（スーパープレデター）のようだ」という、１９９６年に実際にあった彼女の発言の音声とともに、「クリントン候補は黒人を〝捕食動物〟だと言った」という文字テロップをつけたものを広告として作成し、クリントン候補に投票しそうな黒人層のフェイスブックに流したのである。キャロル氏もこうした広告を受け取っていた。

「情報の戦場に必要な鎧」

事件が明るみになり、訴訟を起こすことでＣＡが行っていたことが明確になっていったが、こうした情報を知るにつれて、当時自分に起きたことに自覚的になっていったと語る。

「私は当時、ソーシャルメディアから多くの政治的な議論を吸収していました。いまにして思えば、そこにはあらゆるスキャンダルやネガティブな情報があったのです。そして最終的には、私はそれらの誤情報、偽情報さえ吸収していたのです。私は情報の戦場にいたのに、戦場に入るために必要な鎧を装備していませんでした」

「情報の戦場に必要な鎧」とは何だろうか。それは、自分が攻撃対象になっているかもしれないと自覚的になることだと言う。キャンペーンにはどのようなテクノロジーが使われているのか。どんな情報が、どういうキャンペーンによる広告で、自分のいかなる情報が分析されたうえで送られてきているのか。そうしたことを事前に知っておくことが大事なのだと。

キャロル氏はいま、自分のような過ちを犯してほしくないと、大学で自らに起きたことを教えている。生徒にSNSの情報に対して自覚的になってほしいという思いからの行動である。自らの失敗や後悔を話すことは、恥をさらすことでもある。しかし、民主主義を守りたいという思いから、授業だけではなく、ツイッターでの発信やメディアの取材にも積極的に応じている。

「いまも、大統領選で行われた多くのことが謎のままです。それなのに、次の選挙がやってくる。そのことに憤りを感じています」

キャロル氏はその後もネットフリックスのドキュメンタリーなどに出演し、自身の体験を語る活動を続けている。

ＣＡ事件の発覚

さて、共和党陣営による一大プロジェクトは、ワイリー氏がＳＣＬに入った目的から徐々にかけ離れていった。良心の呵責《かしゃく》に耐えられなくなったワイリー氏は、２０１４年末に退職する。そして大統領選の結果を見て、告発することを決意した。

「大統領選の結果を見た時、それは本当にひどい気分でした。その気持ちを言葉にするのは難しいです。なぜなら、私はある意味では無力さを感じているからです。私は本当に弱い立場の人々を助けることができませんでした。私はむしろ弱い立場の人を傷つけるプロジェクトに貢献してしまった。それを深く後悔しています」

ワイリー氏を取材し、ＣＡの実態について最初に報道したのは、イギリスの左派系新聞紙ガーディアン、アメリカのニューヨークタイムズ、そしてイギリスの公共放送Channel4である。いずれも調査報道に定評があり、３社の合同チームが取材を連携して報道にいたった。なかでも、channel4の番組「Revealed: Trump's election consultants filmed saying they use bribes and sex workers to entrap politicians（暴露：トランプの選挙コンサルタントが、政治家を貶めるため賄賂やセックスワーカーを使っていると発言）」では、記者たちは素性を隠してＣＡ幹部たちをホテルに呼び出し、隠しカメラで証言を聞き出した。その証言からは、データを違法に入手していたことだけでなく、賄賂やハニートラップを仕掛けて政敵を陥れる手法までもが明らかになった。こうした報道をきっかけに、イギリス議会で調査委員会が立ち上がることになる。

国に分断の種を撒く

2018年11月に行われた中間選挙の選挙期間中、私たちは、再度ワイリー氏に接触した。アメリカで流されている選挙広告を見てもらい、危ない広告が出ていないか確かめてもらいたかったからだ。

中間選挙中、候補者を応援する広告や、争点となっている問題を知らしめる広告など、様々な広告がフェイスブックにアップされていた中で、ワイリー氏が目をとめたのは、一見するとただのイベントの広告だった。

「これは移民を支援するイベントの広告です。一方、こちらの広告は同じイベントを取り上げ、反移民的なメッセージを打ち出しています。このように、同じ情報筋が一方で移民を支援するイベントを告知しながら、別のページではそのイベントは移民に反対するものだと発信しています。するとどうなるでしょうか。最初のページを見て『ああ、私は移民だから、無料で法的支援が受けられるのか』と考えた移民が会場に向かうと、移民に激しく反発する、反移民のデモを行っている人と鉢合わせるわけです。この場合、たいてい衝突が起きます。ページを作った人たちの狙い通りの状況です。まったく逆の意見を持つ2つのグループを同じ場所に集めれば、当然争いが起きます。こうした扇動活動は、単に政治的なキャンペーンであるだけでなく、国に分断の種を撒くキャンペーンでもあるのです」

これらもプロファイリングによって、特定の有権者を狙って送りつけられている。こうした分断によって利益を得るのは誰か。ワイリー氏はロシアの関与を疑ったが、広告の制作者を突き止めることはできなかった。

こうした広告を通じて出会った人々は、お互いの主張を客観的に聞くことはない。異なる意見を聞くことで、アメリカは民主主義を発展させてきたはずだった。しかし、対立だけを煽られた結果、議論が成立しなくなってしまったのだ。選挙はこれまで触れたことのない主張や政策に触れる機会でもあるはずだ。しかし、アメリカで起きているのは、感情的な反発だけを狙った広告による戦争とも言うべき事態だった。これがバノン氏の言う「文化戦争」なのだろうか。

ワイリー氏の現在

計2日間、4時間近くに及んだインタビューの最後に、私たちはワイリー氏に、これからの民主主義はどう変わると思うかを聞いた。

「これは21世紀型の問題です。民主主義がソーシャルメディアのような無害とされていたものによって損なわれました。友人を追加し、チャットし、レシピを共有したりするプラットフォームが、民主主義の巨大な脆弱性を生み出しました。世界で最も重要な国の選挙の結果にとても大きな影響を及ぼしたのです。だから私は後悔をしています。しかし私は、何らかの本来的な利益を享受できるようなシステムを作れるよう努力しています」

ワイリー氏は自らが犯した罪を償う巡礼の旅のように、各国の議会で証言を行っている。イギリスでもカナダでもアメリカでも、どの国でも厳しい質問が投げつけられた。「なぜ知っていて止められなかったのか」と。その一つひとつに真摯に応え、メディアの取材にできる限り応じてきた。

２０１９年10月には自伝『Mindf*ck』が出版され、再び大きな話題を呼んでいる。この章の彼の言葉のいくつかは自伝から引用したものだ。彼は再び政治の世界に戻ってくるかもしれない。その時、その償いは、民主主義を取り戻す活動へとつながるのだろうか。

第3章　偏向情報が拡散するメカニズム
——SNSの政治広告の実態

認識されづらいSNSの政治広告

取材を始めた２０１８年はアメリカ中間選挙の年だった。中間選挙は４年ごとの大統領選の中間年であることからそう呼ばれ、上下両院の議員や州知事などを選ぶ選挙が行われる。トランプ政権にとっては就任から２年の政権運営の審判と言える選挙であり、２０２０年の大統領選にも影響を及ぼす。本章では２０１８年の中間選挙時の取材をもとに、ＳＮＳの政治広告が実際の選挙活動でどのように使われているのか、その実態を明らかにしたい。

私たちが注目したのは民主党と共和党が拮抗する激戦区、中西部のミネソタ州である。２０１６年の大統領選で民主党候補のヒラリー・クリントン氏が勝利した際には、その差はわずか１・５ポイント（２０１２年の大統領選ではオバマ陣営が７・７ポイント差で勝利）まで詰め寄り、全米において最も拮抗した州の一つだった。そのためトランプ大統領も中間選挙中にこの地区を遊説先の一つとして選ぶほど力を入れており、大量の政治広告がこの地域の市民のＳＮＳに投下されていたのである。

私たちはまず、トランプ大統領の遊説会場を訪れた。ミネソタ州南部の中核都市ロチェスター市内のホール前には前日から並ぶトランプ大統領の熱烈なファンや地元の支援者が長蛇の列を作り、トランプ大統領の演説を待っている。取材したのは共和党支持者のリサという女性だった。

「トランプ大統領が分断者だなんて真実じゃないわ。彼は前向きな言葉を広めている拡散者なのよ」

彼女はフェイスブックで「みじめな人たち」（*Basket of deplorable*）というグループを作っているという。「みじめな人たち」とは２０１６年の大統領選でヒラリー氏がトランプ支持者を指して使った言葉だったが、トランプ支持者はその発言を受けて、逆に「みじめであることを誇ろう」というムーブメントを起こした。彼女のフェイスブックのタイムライン上にはトランプ支持を訴える言葉が飛び交っていた。

「主要メディアがなんと言おうと関係ない。私たちはグループを作って、前向きな言葉と愛を広めていく。アメリカをもう一度偉大な国にしたいだけなのよ」

熱烈なトランプ支持の言葉である。ＳＮＳに流れている政治広告について、彼女はどう感じているのか。それを尋ねたところ、政治広告には特に注目していないと言った。その後も取材を続けたが、政治広告を意識している人は誰もいなかった。むしろ多くの人が、フェイスブックの投稿は見るし、面白い記事や情報があればシェアするが、政治広告ばかりに注意を払ってはいないと答えた。中には「政治広告だとわかるとページを飛ばして無視する」と回答する人もいるほど、全体としてＳＮＳ上の政治広告に対しての関心が高いようには感じられなかった。

だが、ＳＮＳ上の政治広告は必ずしも一般的にイメージされる形式をとっていない。一見すると報道機関による記事のような体裁だったり、誰が何のために発信している情報かを容易に判別できなかったりするのである。その結果、ＳＮＳ上の様々な投稿について、多くの人が「政治広告である」という事実をそもそも認識していなかった可能性がある。

広告は報道を偽装する

このことを考えるうえで、中間選挙前にフェイスブックがウェブ上に公開した「アド・ライブラリー（Ad Library）」という機能が手がかりを与えてくれる。

このデータベースは広告として掲載された政治的主張やメッセージ投稿を一覧で見ることができるシステムだ。ＣＡの一連のスキャンダルを機に政治広告に対する注目が集まったことから、フェイスブックが透明性を高めようとして作ったものの一つである。アカウントを持っていない人でも閲覧でき、キーワードを入力すると該当する政治広告が一覧で表示される。また、一つひとつの政治広告がどの地域に暮らす、どの年代や性別の人を対象に送られたかや、どの組織が掲載を依頼したかの情報も開示されている。これをもとにミネソタ州に関連する政治広告を調べたところ、一見新聞記事にしか見えない投稿が政治広告に分類されていた。

目に留まったのは「アルファァ・ニュース」と書かれた政治広告である。データベースにはミネソタ州の司法長官候補として民主党から立候補していたキース・エリソン氏について、記事形式の投稿が複数記録されていた。多くの内容はエリソン氏の離婚に関するもので、この〝新聞社〟が独自に行った〝調査報道〟により明らかになったという「離婚の実態」と称する内容が記載されており、「大手メディアが伝えない事実を伝えている」と書かれていた。

「ニュース」と書かれた投稿がなぜ政治広告に分類されているのか。実はこの「アルファァ・ニュース」は長年にわたって共和党に献金を行っている地元有力者の政治資金団体によって設立された〝ニュースメディア〟だった。ミネソタ州の地元紙もこのメディアについて取材を行っている。2015年に会社が設立された当初は担当者が一度記者会見に応じたものの、その後は取材に応じずに主にフェイスブック上で記事を発表しており、本社の住所も郵便業者の私書箱が指定されていて、実態がよくわからない組織だと記事は伝えている。このように、政党色が強い支持者が設立した組織が報道機関を名乗り、対立候補に関する記事が政治広告とはわからない形でＳＮＳに投稿されているケースもあるのだ。

地方にも浸透する大統領選の戦略

中間選挙中、ミネソタ州の司法長官に立候補していたキース・エリソン氏を激しく攻撃していたのが、同じく司法長官候補として共和党から立候補していたドグ・ウォードロー氏である。彼は対抗馬である民主党のエリソン氏について、「過激だ」とか「警察殺し」などと書かれた政治広告をフェイスブックに掲載するなど、とびきり目立つ政治広告を打っていた。

彼の陣営には、ＳＮＳの政治広告の戦略に詳しい担当者がいるのではないか。そう考えた私たちは早速取材を申し込んだ。応じたのはウォードロー陣営責任者ビリー・グラント氏である。私たちは州最大都市のミネアポリス郊外にある陣営の拠点に向かった。そこは候補者の名前すらどこにも書かれていないビルの一室だった。

グラント氏は、首都ワシントンD.C.に本部があるライトヴォーター（Right Voter）という選挙対策コンサルタント会社から、ＳＮＳなどのデジタル戦略の専門家として陣営に招《しょう》聘《へい》されていた。そのコンサルタント会社の幹部の一人は２０１６年の大統領選でトランプ陣営のシニアアドバイザーとして働き、トランプ氏が大統領に選出されるとホワイトハウスでの仕事の誘いを受けたと報道された人物である（だがこの誘いは後に断っている）。グラント氏自身はトランプ陣営で仕事をした経験はないが、全国の選挙に関わってきた経験を活かし、共和党の選挙対策の一翼を担うべく、地元のミネソタ州の選挙を手伝うことにしたという。

彼によると、全米規模の選挙ではＳＮＳ戦略を担当することはあったが、州レベルでこれほどまでに資金と時間を費やすのは今回の中間選挙が初めての経験だという。ウォードロー陣営では予算の30％から40％をフェイスブック、グーグル、ツイッターを始めとするＳＮＳの政治広告に充てていた。この数字は、予算のおよそ15％から20％程度をＳＮＳの政治広告に充てる他の候補者と比べてかなり高い数字である。グラント氏によると、それはトランプ大統領の選挙戦を見ていたウォードロー候補が、ＳＮＳを駆使する戦略を望んだためだという。

「手掛かりはトランプ大統領の言葉」

では、なぜ過激な内容の政治広告をＳＮＳで流しているのか。

その問いにグラント氏は「ＳＮＳ政治広告で一番重要なことは、議論を巻き起こすようなネタをタイミングよく提供し続けることだからです」と答えた。彼によれば、候補者について知ってもらうことよりも、広告を受け取った人が思わず反応してしまいたくなるような話題性があり、友達や家族にも見せたくなるメッセージを伝えることで広告を拡散させ、ネット上の議論のネタにすることが広告の果たすべき役割なのだと言う。そのために彼が行っているのは、トランプ大統領の発言を毎日チェックし、大統領が何に関心を持っているかを知ることだという。

「我々は大統領に手掛かりを求めています。彼はいつも時流を読み、誰よりも一歩先を進んでいるからです。大統領は人々の懸念が何かを正確に把握しているのです」

例えば「国境管理をないがしろにしている」「複数の女性から暴力で訴えられている」といった相手候補を攻撃する内容は、この時期トランプ大統領がメキシコとの国境線沿いに壁の建設を訴えていたことや、大統領に関する様々な女性問題が全米のメディアで注目されていたことから、同じようなテーマを州レベルの選挙戦にも活かすことで、地元の人に関心を持ってもらおうという戦略なのだという。

この日グラント氏はウォードロー候補と今後のキャンペーン戦略を話し合うことになっており、私たちも同席させてもらった。彼らが確認していたのはSNSの政治広告の効果である。広告を流し始めてから、ウォードロー候補のフェイスブックページには1500人のフォローがついたという。グラント氏はこう言った。

「さらに大量の広告を爆弾のように使って、彼らを標的にできます。同じ有権者に何度も接触するんですよ。私たちの経験では、有権者に8回以上候補者の情報に触れてもらうと投票率が上がることがわかっています」

政治に関心がない有権者に、政治広告に加えてイベントの呼びかけなど、SNS上の接触を増やしていくことこそがカギだという。この時、政策や地域の課題に関する話題は一切上がらなかった。

政治広告が作られる仕組み

では実際に、そのような広告はどうやって作られているのか。

グラント氏は、陣営の責任者としての自身の役割は、広告を制作する会社と実際の広告の配信を担う個人データ会社を仕切ることだという。ＳＮＳの政治広告を配信するには、まず実際のデジタル広告を制作する会社と、有権者の様々な個人データを扱う個人データ会社が必要だという。広告制作会社はＳＮＳに流す政治広告の画像や文面などのデザインを担う。一方の個人データ会社は、ＳＮＳの政治広告の特徴であるマイクロターゲティングを行うのに必要なサービスを提供する。それが有権者の過去の投票行動や購買データなどの様々な情報を組み合わせて作ったデータベースだ。

それをもとにターゲットとなる有権者層を絞り込み、広告制作会社が効果的な言葉やデザインを考えて広告が完成する。あとはターゲットとなる有権者層の人々が、フェイスブックやツイッターなどのＳＮＳを開いた時に表示されるようにするのがグラント氏の役割である。政治広告を配信するためには、写真と文字だけの広告であれば、発注からわずか2時間程度で複数の案が広告制作会社から提示され、すぐにＳＮＳ上に流すことができるという。

グラント氏は、この陣営はミシガン州に本社を置くアドビクトリー（ADVICTORY）という政治広告を専門とする広告制作会社と、個人データ会社として東部ニューヨークに本社を構えるアップルカート（Apple Cart）という二つの会社と提携していると明らかにした。しかし有権者のデータとは具体的にどのような形式で、どのような個人データが含まれているのかという質問に対しては「具体的にはわからない」と答えるに留まった。陣営ではデータベースを直接見ることはなく、個人データ会社に依頼して有権者を絞り込んで配信しているため、データに関することは個人データ会社でないとわからないという。だがこの「個人データ会社」こそ、ＳＮＳの政治広告をめぐる焦点であることは間違いない。

トランプ陣営の元データストラテジストは語る

個人データは選挙にどのように使われているのか。取材が難航する中、私たちはトランプ陣営が最初にデータストラテジスト（戦略家）として迎え入れた人物に、長い交渉の末話を聞くことができた。彼の名はマット・ブレイナード氏。共和党が管理する個人データのストラテジストを兼ねていた時期もある。彼は共和党の個人データベースのすべてを把握している一人だった。フェイスブックから流出した情報をもとにＣＡが作ったデータセットやＡＩは利用していないと明確に否定したが、２０１６年にブレイナード氏はトランプ陣営のブラッド・パースケール氏（現在は２０２０トランプ・キャンペーンの最高責任者）と共に働き、そこでマイクロターゲティングを実際に行っていた人物の一人であることがわかっている。

関係者の多くが口を閉ざす中で取材を受けたのは、ブレイナード氏自身がもともと日本に関心があったこと（１９６０年に日本社会党委員長の浅沼稲次郎を刺殺した極右青年である山口二矢を信奉していた）や、自ら設立した団体のメディアへの露出を求めていたことが理由にあったようである。

取材はワシントンＤ.Ｃ.からほど近いバージニア州にある殺風景な事務所で行われた。中間選挙中はここを拠点に共和党候補への投票を呼びかけているという。

まず彼が私たちに見せてくれたのが、有権者の様々な個人データが収まったデータベースだった。ブレイナード氏が使用していたのは、無党派系で全米有数の個人データ会社「Ｌ２」のデータツールである。共和党は党独自に管理・所有する個人情報のデータベースを保有しているが、このＬ２はトランプ陣営が最初に契約した民間会社のデータベースだ。

ブレイナード氏はここで驚くべきことを明かした。このＬ２にデータを売ったのは、ヘイスタックＤＮＡ（HaystaqDNA）という会社で、実はこの会社を創業したのは２００８年、２０１２年の大統領選でオバマ陣営のＳＮＳ戦略のマネジャーだったケン・ストラスマ氏だったというのである。ストラスマ氏は、第2章で登場した、選挙にＡＩを使用することをワイリー氏に教えた人物である。

「あまり知られていないでしょうが、２０１６年のトランプ大統領のキャンペーンに関する決定のほとんどは、オバマ氏の元キャンペーンチームから得たデータを使って行っていたのです。彼らはこのすばらしいデータツールを作り、私たちがその後それを使ってヒラリー・クリントン氏を打ち破ったのです」

この件に関してストラスマ氏はアメリカの政治関連のウェブメディアであるポリティコの取材を受けている。氏はデータを売ったことを認めたものの、それはオバマキャンペーン仕様にカスタマイズされたデータツールではないと弁明している。しかし、民主党のキャンペーンで使用したデータが人種差別を助長することに使われたと、民主党のキャンペーン陣営からは批判の声があがっている。

５００項目で丸裸にされる個人

ブレイナード氏は２０１８年の中間選挙でもＬ２社のデータを特別仕様にして使用していることを明かした。選挙戦を有利に進めるために、有権者ごとの特徴、例えば銃規制や同性婚への姿勢、オンラインゲームの使用の有無などの傾向を示すデータが網羅されているという。
彼はこうしたデータから生まれた特別なマップを披露してくれた。画面に映し出されたのは、青と赤のまだら模様に塗られたバージニア州の地図である。共和党支持者を示す赤色と民主党支持者を示す青色が細かい点となって表示され、州全体を俯瞰すると複雑な色に見える。色付けされた一つのマーカーをクリックすると、その家に暮らす家族の名前と住所はもちろんのこと、家族構成や所有する車の種類や色、電話番号やメールアドレス、ペットの種類、職業、最終学歴、収入、趣味、雑誌の購読種類など、最大で500種類に及ぶ項目について記録されている。地図の横を見るといくつものタブが表示され、数々の条件が列挙されている。この条件を選択することで、有権者を地図上に抽出できるシステムになっていた。この会社のデータベースには、全米の有権者の大部分である1億8000万人分の個人情報が網羅されているという。

政治に関心がない人ほどターゲティングの対象になる

誤解してはならないのは、こうした個人データを利用した選挙戦は、アメリカでは合法であるということだ。ブレイナード氏が私たちに見せてくれたデータベースも、州政府などによって公開された有権者データや民間企業から購入した購買記録など、様々な方法で合法的に入手したデータを組み合わせて作ったものにすぎない。だが合法とはいえ、選挙に立候補する陣営が有権者についてこれほどまでに詳細で膨大なデータを取得し、選挙を戦っていることには驚かされる。

ブレイナード氏は私たちの驚きをよそに、票を稼ぐ方法を説明していく。彼はパソコンの画面に映るある無色のピンをクリックした。無色はこれまで共和党にも民主党にも投票したことがない人を示す。しかし彼は、この人物は潜在的に共和党支持者だと断言する。

「これが私たちが対象とする人々です。男性……40代……白人です。所有する車の車種はピックアップトラック。2年以上買い替えていない。ハンティングや自衛のために家に銃を持っているでしょう」

1億8000万人分の個人データのプロファイリングから、この種類の車を所有する人の多くがハンティングを趣味とし、銃規制には反対で、年収が平均よりも低く、政治への関心が低いものの、保守的な思考の持ち主が多いことが多いことが導き出せるという。

「彼らの多くは（政治に）不満を抱えています。しかし、問題があります。彼らは選挙が実施されることを知らないのです。あるいは知っていてもその日に投票できません。なぜなら彼らにはシフト制の仕事があり、子どもを迎えに行かないといけないからです。彼らには期日前投票ができること、あるいは土曜日に不在者投票が行えるのを伝えることも重要になります」

　こうした政治や選挙への関心が低い人に投票に行ってもらうことこそ選挙戦略の勝敗のカギを握るのだと、ブレイナード氏は語る。それは自身がトランプ陣営のデータストラテジストだった時に学んだことだった。

　こうした有権者に送る政治広告には、愛国心をくすぐり、同時に怒りの感情を呼び起こさせる仕掛けが重要なのだと氏は語る。過去にフェイスブックに掲載したという政治広告には「トランプ大統領の反対派が暴徒化し、兵士を慰霊する像を破壊した」というニュース風の記事と写真が掲載されていた。これを見た有権者は「トランプ氏に反対する人々は国を冒瀆《ぼうとく》する人だ」と思い、これまで行ったこともない選挙に関心を持ち始める。

　ちなみに、大統領の反対派が暴徒化した事件自体は事実である。この出来事はトランプ氏の移民を巡る差別的な発言に対して怒りを表明する中で、反対派の一部が起こしたものだった。だが詳細な文脈は捨象され、メッセージは極限までシンプルにされる。その方が人間の感情を呼び覚ましやすいからだ。

フェイスブックの秘密

こうしたメッセージはフェイスブックを通じて届けられていた。その内実を見てみよう。

まずブレイナード氏が有権者の条件をデータベースで選択し、抽出して作成した有権者のリストをフェイスブックの広告枠購入サイトにアップロードする。するとフェイスブックはブレイナード氏がアップロードした有権者リストにある氏名やメールアドレスなどの情報と自社のシステムに登録されている利用者のデータと突き合わせて、ターゲットとなる有権者を特定する。氏が政治広告を読んでほしいと狙って選んだ有権者、また同じ傾向を持つ有権者に高い確率で政治広告を流してくれるシステムになっているのだという。

ブレイナード氏は、フェイスブックが具体的に誰に政治広告を送ったかについて確認することはできないものの、フェイスブックが持つ高いマイクロターゲティング技術を使用して、7割~9割の確率で狙った有権者に特定の広告を届けられていると説明した。

フェイスブックでマイクロターゲティング技術の開発責任者だったアントニオ・マルティネス氏によれば、2012年以前は個人名が特定できていない限り、広告主がアップロードした個人とフェイスブックのアカウントをフェイスブック側でマッチングさせることは難しかったという。しかし現在は住所やメールアドレスだけでも個人アカウントを特定することは容易だという。

　また、フェイスブックではこうした広告主が標的とする特定の特徴を持った有権者群の「カスタム・オーディエンス」を選び出し、さらに彼らによく似た特徴を持つ人々を「類似オーディエンス（ルック・アライク）」と呼んで、こうした人物にも政治広告を送ることができる仕様になっている。フェイスブックでは、例えば最初に特定したカスタム・オーディエンスに含まれる個人と同じ記事に「いいね」ボタンを押した他人や、その人の親しい友人などをフェイスブックで管理する様々な個人データと突き合わせて洗い出し、こうした「類似した人々」にも政治広告を送ることができるのである。

有権者の感情を「利用」する

　ブレイナード氏は10代の頃から政治に関心を持ち、共和党系の団体や選挙でデータ分析の経験を積んできたという。政治家が掲げる政治理念や政策方針を並べたてることは効果的ではなく、有権者のビッグデータ分析から、有権者の感情に訴えかけるメッセージを、そのメッセージに反応しそうな人を見つけ出して送ることが何よりも大切であり、その意味で自分のような政治のデータストラテジストに存在価値があるのだと話した。

そんなブレイナード氏がインタビュー中、一度だけ声を荒げる一幕があった。「こうして有権者の感情を動かし、投票に行かせることができる」と解説する彼に、私たちが相槌のように「それ（有権者の感情）を利用するのですね？」と質問した時のことだった。この時私たちが使った英語は You are about to exploit it? だった。その瞬間、ブレイナード氏の表情がみるみる強張っていった。

「あなたが exploit という単語で示唆しようとしているのは『搾取する・利益を得る』といった意味ですよね？ exploit にはネガティブなイメージがあります。その言葉には反論したい。私たちは何が問題なのか、問題が有権者にどうつながっているかを明確にして伝えているだけです」

確かにその通りだ。ブレイナード氏がマイクロターゲティングで行っていることは、有権者にとって最も関心がありそうな問題を提示し、選挙に行ったことがない人が選挙に関心を持つように啓蒙していると言い換えても間違いではないだろう。

だが、兵士の像を壊した反対派の記事や、アメリカンフットボールのプロ選手が国家斉唱の時にトランプ氏に抗議して、起立しなかった問題などを断片的に取り上げた記事を知ることが、民主主義の成熟につながるだろうか。私たちが思わずexploitという単語を使ったのは、ただ政治家が勝つために有権者の感情を利用しているように聞こえたからだった。では、マイクロターゲティングを受けた共和党支持者はどのように感じているのだろうか。

SNSの広告で政治活動に目覚めた女性

ＳＮＳの政治広告は誰がどのように受け取っているのだろうか。私たちはブレイナード氏やミネソタ州のグラント氏らが作った政治広告を、フェイスブック上でひたすらチェックした。ここにコメントしたり投稿をシェアしたりしている人物を辿ることにしたのである。その中でトランプ支持のメッセージを熱烈に投稿する50代の女性と連絡をとることができた。

ミネソタ州郊外の閑静な住宅に住むメアリー・ティミオン氏は、普段は介護施設の事務責任者として働いている。トランプ氏が立候補するまで選挙に関心がまったくなかったと語る彼女は、まさしくブレイナード氏が語る、投票所に行ってもらうためにマイクロターゲティングされる対象である。

ティミオンさんは、私たちが取材をした数週間前にトランプ大統領を支持する女性のグループをフェイスブック上に立ち上げたばかりだった。「トランプウーマン２０２０」と名づけたこのグループの目的は、２０１８年の中間選挙、そして２０２０年の大統領選に向けてトランプ氏の再選を後押しすることにほかならない。グループのメンバーは１万４０００人以上にまで増え（2019年5月現在）、ネット上での議論のみならず、メンバー同士の親睦を深めるためのミーティングやトランプ大統領の講演会を聞きに行くツアーを企画したりするなど、活動の幅を広げている。

「フェイスブックはとても民主的な空間です。いったん記事がアップされたなら、支持者たちが賛否を議論したり、自分たちの考えを伝えるために違う記事を投稿したりします。これは本当に素晴らしいことです」と、彼女は胸を張った。

全米の問題をローカルな話題に落とし込む

取材中、フェイスブックのある投稿に目が留まった。ミネソタ州のキャンペーンマネジャー、グラント氏が作った新たな政治広告である。対立候補の現職を激しく貶める内容のものだ。以下は、その映像のコメント部分である。

「（民主党候補の）キース・エリソンは極端な過激派であり、開かれた国境を支持している。最悪なのは、キース・エリソンは多くの女性たちから暴力を振るったと訴えられていることだ。全米の女性団体でさえもエリソンに対して選挙運動を終了するように求めている。……」

州都ミネアポリスには全米一のソマリア人コミュニティがある。エリソン氏はイスラム教徒で、ソマリアの難民コミュニティから多くの支持を集めていた。一方、難民が増えることに対してティミオンさんを含む一部の白人層は疎ましく思っていた。過激という言葉は、そうした人々に「イスラム＝過激派」という印象を植えつけることを狙ったものだろう。また、ティミオンさんが特に反応したのは彼が女性に暴力を振るったとされる点だ。

「この候補の考え方は間違っています。この動画をみんなに広めたくなりました。このことはニュースでもっと取り上げるべきです」

ティミオン氏は、動画を見ながら腹立たしい内容だとエリソン候補を批判する。そして彼女は今回初めて中間選挙に行くことを決めた。こうした反応を見ると、マイクロターゲティングの効果を感じずにはいられない。もちろんこの広告一つでティミオン氏の気持ちが動いたわけではないだろう。しかし、SNS上に投稿される（記事のような）政治広告や仲間との会話は、彼女の政治への関心を確実に高めていた。

なぜ対立候補の女性問題に着目した新たな広告が流れていたのだろうか。当時エリソン氏は、確かにかつて交際していた女性から暴力を振るったことを訴えられてはいた。しかし、それまでの政治広告が攻撃の対象にしていたのは女性問題ではなく、エリソン氏の移民に寛容な姿勢だった。私たちは再度グラント氏に話を聞いた。

実はこの時全米で話題となっていたのが、トランプ氏が連邦最高裁判所の判事に任命したブレッド・カバノー氏が、10代の時に女性を暴行したという疑惑だった。トランプ氏はカバノー氏を追及する民主党を激しく攻撃するツイートを何度も投稿していた。グラント氏はこうした動きを知り、「ミネソタ州の民主党の候補者にこそ疑わしい人物がいると訴えたのです」と話した。全米の問題から着想を得て、ローカルな話題に落とし込む。フェイスブックに投稿されたエリソン氏の広告は、カバノー問題の関心の高まりと比例するように瞬く間に拡散されていった。

この判断はＡＩによるものではない。グラント氏の読みに基づくものだ。だが、広告はフェイスブックのプロファイリングとマイクロターゲティングによって、反応する可能性が高い相手に届けられていた。

事実でなくても拡散されるわけ

ティミオン氏が立ち上げたフェイスブックのグループでは、連日メンバーが様々なネット記事を投稿している。私たちはティミオン氏から特別にこのグループに入れてもらい、投稿を定期的に確認しているが、お世辞にも情報の質が高いとは言えない。信憑性に疑問を抱かざるを得ない内容のものも、記事を装った政治広告も数多く含まれている。例えばクリスマスの時期にミシガン州の大型ショッピングモールで撮影されたという動画には、移民として暮らしているイスラム教徒が暴徒化してモールに飾ってあったクリスマスツリーを破壊しようとしたという様子が、批判的なコメントとともに投稿されていた。実はこの映像は、ネット上の情報のファクトチェックをしている「スノープス（Snopes）」によれば、２０１３年カイロのショッピングモールで行われたクリスマスイベントで撮影されたものであり、ミシガンではなかった。しかしメンバーたちはその動画が実際にアメリカで起きたことかどうかの確認を取らず、そのまま事実として受け止めている様子だった。

このグループでシェアされている記事の多くは、普段決して目にすることがない、極端に偏ったイスラム教徒に関する批判的な情報や、民主党議員を批判したり揶揄したりする情報が多い。ここでのやり取りを観察していると、万一、政治的意図を持った活動家が密かに情報を送っていたとしても、受け取った側はそのからくりや仕組みに疑いを持たず、すぐさま反応・拡散される恐れが高いことが窺える。ブレイナード氏やグラント氏がマイクロターゲティングを駆使してこうした人々に政治広告を送ることが効果的だと主張する根拠が、まさに理解できる空間である。データに基づいて探知された有権者は、感情に訴えかける情報に反応し、確かに仲間に情報を拡散していくからだ。

AIが拾い上げない有権者の息苦しさ

ティミオン氏は夫と二人暮らしで、その暮らしぶりからも恵まれた様子が窺い知れた。しかし、半日近くティミオン氏の話を聞いて打ち解けてくると、データからは決して見えてこない、彼女がトランプ支持に傾く理由が見えてきた。

ティミオン氏がこれまで息苦しさを感じていたのは、人種、宗教などで差別的な発言をしてはならないという政治的な正しさ（ポリティカル・コレクトネス）を常に求められ続けてきたことだったという。ともすれば人種差別的と捉えられかねないことを自由に発言できない風潮が、学校、会社と人生を進めるごとに強くなってきたと感じていた。こうした政治的に正しくないこと（ポリティカリー・インコレクト）を口に出せずに不満を胸の底にためている白人中間層は、自分を含めて多く存在すると彼女は語る。

「今の職場に22年いますが、政治と宗教の話はするなと言われてきました。そういう話をすればキャリアに影響するし、人の反感を買いかねないと言われてきたからです。だからそういうことは一切口にしませんでした。毎日職場に行って終われば家に帰るという生活でした。そんな生活の中で自分の気持ちについて話す機会はまったくありませんでした。

そこに現れたのがドナルド・トランプでした。彼はそんな縛りを吹き飛ばして、何でも率直に話しました。私はトランプ氏にすっかりほれ込み、仕事や人がどう考えるかがどうでもよくなりました。私はサイレント・マジョリティの1人でした。私は納税者です。朝起きて仕事に行きます。一日中働いて税金を払っています。なのに自分のことを自分でやらない人（移民や難民）の生活を支えなければなりません。それが当然とされていますが、私は不満です。しかしいままでは、そんな不満があっても口にすることができませんでした」

何事にもとらわれずに自由に発言するトランプ大統領の登場は、まさにこうした社会の根底を流れる不満について、忌憚なく正直に発言する自由が世の中に戻ったことの象徴なのだと語った。ティミオン氏は、どうして自分が一生懸命稼いだお金から払った税金を使って、大量に押し寄せる移民や難民の保護をしないといけないのか。こうした不満は人種差別ではなく、あくまで自助努力をしない人々のために税金が使われることに対してのものであるという。彼女自身、親戚や職場に多くの移民がおり、彼らに対して差別的な感情を抱いてはいない。

　民主主義において、政治はこうした不満にこそ向き合わなければならないのではないか。なぜ不平等を感じるのか、どうすれば対立を乗り越えて同じ社会に暮らせるのか、その答えを提示することが政治の役割に思えてならない。しかし、マイクロターゲティングで喚起されるのは感情的な側面だけである。

「私は信頼する人の言葉を信用します」

　ティミオン氏と同じような考えを持つ人は、ＳＮＳ上に数多く見られた。不満を誰にも話せなかったティミオン氏は仲間と自由に議論し、連帯できる場所を持つことができた。昔は教会や学校などの場で仲間を見つけられたかもしれないが、いまはそうした地域のつながりはあまりない。ネット空間が「同志」を見つけられる場所となっているのである。

そして彼女は私たちの目を見据えて、非難するでもなく、こう言った。

「私はニュース報道をあまり信用していません。様々なイベントに参加し、自分の目で見たことを信じます。私は信頼する人の言葉を信用します。私が初めて資金集めの集会に参加したのはトランプ氏の集会だったのですが、（反トランプ支持者によって）暴力的なことが数多く起こりました。私は現場にいましたが、ひどい状態だったのです。しかしニュースはそれをいっさい報道しませんでした。ですから私は報道をあまり信用しません」

トランプ大統領の様々な女性問題が発覚した時などは、トランプ大統領支持を表明すると、いまなお周囲の人から冷たい視線で見られることも多く、疎外感を感じるという。それでもティミオン氏は、自分にとってＳＮＳ上の仲間たちの言葉が最も信頼できるものだと言い、いっさい意に介さないようにしている。

２０１９年４月ごろから、ティミオン氏は設立したフェイスブックのグループがいつ閉鎖されるかわからなくなってきているとメンバーに伝えている。これはＣＡ事件を発端にフェイスブックに対する批判が高まったことで、同社がこれまで表現の自由を理由に規制をかけてこなかった極右思想を持つコメンテーターなどを締め出し始めたことがきっかけだった。

ティミオン氏は、トランプ大統領の支持を訴えるこのグループも極右思想を持つ団体として フェイスブックから閉め出される可能性があるとして、万が一のことがあれば新たに作成したホームページで活動を続けてほしいと訴えている。2016年の大統領選をきっかけに多くの人が問題視するようになったSNSの政治広告と、この新たな手法を可能にするフェイスブックなどのプラットフォーム企業への批判は大きなうねりを見せ、いま、政府による規制の導入や制限の議論が活発化している（詳しくは第5章で取り上げたい）。

しかし、もしSNSのグループが閉鎖されれば、ティミオン氏のような有権者の不満はどこに向かうのだろう。排除は、別の排除を生み出すような気がしてならない。

第4章　世論操作の効果と影響

——人はどこまで操られるのか

政治システムは新たな段階に入った

　前章ではＡＩを駆使したマイクロターゲティングやプロファイリングとはいかなるもので、ＳＮＳの政治広告として実際にどのように利用されているのかという実態を、現場の取材を中心にしながら詳しく追ってきた。では、そうして行われている世論操作はどこまで受け手の意見を操作し、ひいては民主主義にどのような影響を与えるのだろうか。本章ではそれを考えてみたい。

　これまで見てきた、ＡＩを用いた世論操作の効果の測定を巡っては、これまでに多くの議論が交わされてきた。結論から言うならば、マーケティングの世界では昔から使われているマイクロターゲティングが人々の投票意識に変化を起こすかについて、２０１９年の時点で科学的な結論は出ていない。選挙キャンペーンの専門家の中には、個別訪問がいまでも最も有効な手段だと主張する人もいるし、キャンペーンそのものが多角的すぎて影響を分析するのが難しいと主張する人もいる。数学者のデイヴィッド・サンプター氏は、ＣＡの心理分析は相関関係を見た「ただの回帰分析に過ぎない」として効果を疑問視しているし、ＢＢＣのローリー・セラン・ジョーンズ記者もイギリスの総選挙（２０１９年12月）におけるマイクロターゲティングを取材して、「過大評価している」と評している。

しかし、いまの政治システムが新たな段階に入ったことは間違いない。ＳＮＳ上の個人データをＡＩが分析し、広告を流すことができる技術はこれまでの民主主義では想定されていなかったことである。新たなテクノロジーは、新たな政治システムを生み出す。15世紀、ヨハネス・グーテンベルクによって活版印刷技術が発明されたことから聖書が多くの人に読まれるようになり、宗教改革につながった。活字のジャーナリズムもここから始まった。20世紀にはテレビが発明され、私たちの感情を大きく動かすメディアとなった。「テレビが世論を作る」と言われ、その最初の政治家となったのはジョン・Ｆ・ケネディであった。テレビ討論会でニクソンに勝利したとされるケネディは、テレビ的な政治家の象徴であった。そしていま、ＳＮＳが人々のコミュニケーション・インフラになった現代にトランプ大統領は生まれた。繰り返し見てきたように、彼のキャンペーンメッセージを人々に届けていたのは、ＡＩの技術だったことがわかっている。しかし、その影響について分析と対策が進んでいないことに対する強い危機感が専門家の間でも高まっており、様々なアプローチでマイクロターゲティングの影響を測ろうとする試みが始まっている。その技術には、どれほどの効果があるのだろうか。

特異さが際立つ２０１６年大統領選の結果

まず注目したいのは、２０１６年の大統領選の結果そのものへの影響である。全米から衝撃をもって受け止められたトランプ大統領の当選の仕方は、過去の選挙と比べても特異さが際立っている。

アメリカ大統領選は得票総数ではなく、州ごとに分配された大統領選挙人を得票数が多かった候補がすべて獲得するシステムだ。そして過半数の２７０人に達した候補者が最終的に大統領として選出される。２０１６年の大統領選ではトランプ氏が大統領選挙人の３０６人を獲得して当選した。しかし得票総数では、ヒラリー・クリントン候補に２８６万の票差をつけられて負けていたのだ。

トランプ陣営が大統領選挙人の数を伸ばすことができた理由は何か。専門家は、およそ30年間にわたって民主党の牙城だったペンシルバニア州、ミシガン州、ウィスコンシン州の３つの州で勝利したことだと指摘する。この３つの州だけで大統領選挙人の数は合わせて46人にのぼることを考えると、ここで収めた勝利の大きさがわかるだろう。だがこの３つの州での勝利の詳細を分析してみると、クリントン候補の得票数とトランプ大統領の得票数の差は、３つの州を合わせてわずか7万７０００票あまりしかなく、割合にすれば１・

1ポイントの僅差であった。つまり、わずかでも州の得票数で勝つことができれば、選挙人の数に大きな影響を与えるという結果を目撃した選挙だったのだ。

勝利を決める8万人

この7万7000人に政治広告を届ける技術こそSNSのマイクロターゲティングだというのが、フェイスブックを研究するデーモン・マッコイ氏の見解だ。私たちは彼の所属するニューヨーク大学工学部の研究室を訪ねた。マッコイ氏はフェイスブックから協力を得て、掲載される政治広告を収集し、その実態を研究している人物である。

マッコイ氏は詳細なデータ分析に基づいて、民主党の牙城であった3つの州を切り崩したのは、マイクロターゲティングの果たす役割が大きいと語った。

「アメリカの政治の世界で、勝敗を分けるのはたった8万人ほどです。マイクロターゲティングは、この8万人に的を絞ることができます。すると、広告のメッセージ内容と送る対象とタイミングの検討に数百、数億ドルもの大金を投じることができるのです」

マッコイ氏は2018年の中間選挙でもフェイスブックのデータ分析調査を行っていた。そこで明らかになったのは、最も多くの政治広告を打っていたのは立候補した議員や州知事ではなく、なんとトランプ大統領の名義だったことだ。もちろん２０１８年の中間選挙にトランプ氏本人は立候補していない。にもかかわらず最も多くの広告数を出していることそのこと自体が驚きだが、それはトランプ陣営がＳＮＳ上の政治広告をそれだけ重要視している証だと言える。マッコイ氏の分析によると、トランプ陣営は１０００人単位というとても細かな条件で有権者を分類している。そしてそれぞれに響きやすいメッセージや画像を用意して広告を流しているのである。その手法は他の候補者と比較しても突出しており、こうしてきめ細かく調整した広告を大量に送ったことが、当選に貢献した３つの州での０・２〜０・７ポイント差という僅差の勝利に影響した可能性があると指摘する。マッコイ氏はトランプ大統領を「マイクロターゲティングの王様」と表現する。

　トランプ大統領が２０１６年の大統領選でどれくらいＳＮＳ戦略を重視していたかを考えるうえで、アメリカ大手金融メディアのブルームバーグによる分析結果が興味深い。選挙期間中、クリントン陣営はトランプ陣営の３倍にのぼる費用をテレビコマーシャルに投入していた。一方のトランプ陣営は多くの労力と資金をＳＮＳに投資していた。

　陣営のデジタル戦略を担った担当者の一人はメディアの取材に対し、選挙期間中毎日５万種類のＳＮＳ政治広告をテストしてフェイスブックに流し、投票が行われた１か月前には最大で1日あたり17万種類以上の広告をテストし、投稿していたと証言している。陣営が選挙期間中にフェイスブックに費やした費用は、合計で日本円にして90億円以上。これはクリントン陣営が選挙戦終盤にSNS政治広告に投資すると発表した金額の3倍であった。

フェイスブックが重宝される理由

マッコイ氏の分析によると、選挙キャンペーンにおいていま最も活用されているプラットフォームはフェイスブックだという。同氏が率いる研究チームが2018年9月の2週間の期間中にフェイスブック、グーグル、ツイッターの3つのプラットフォームに投稿された全政治広告を分析したところ、全体のじつに97%にあたる政治広告がフェイスブックに掲載されていた。同期間中にSNSに政治広告を掲載した1万4500の広告主の96%がフェイスブックを使用していたことからも、フェイスブックが政治広告の分野においていかに活用されているかは明らかである。

また調査では、政治広告の内容の多くは個人からの献金を求めるものや、集会などのイベントの案内だったことが判明した。マッコイ氏は政治家がフェイスブックを好んで利用する理由として、同サービスが企業や組織ではなく、個人を対象に展開しているからだと指摘する。

「政治家は有権者一人ひとりを狙い撃ちして、どう投票を左右できるかばかりを考えるようになるでしょう。この手法を放っておけば、今後の社会の行く末はとても恐ろしいものになるかもしれません」

なぜこれほどフェイスブックが重宝されるのだろうか。ピューリサーチセンターが2014年に行った調査で、政府や政治に関するニュースをどこから入手しているか聞いたところ、48%が「フェイスブックで」と回答したという。ちなみにCNNは44%で、地元テレビが49%。それらに匹敵する高さだった（この調査はインターネットを利用するアメリカ人を対象にして行われている）。

フェイスブックの研究者ソロモン・メッシング氏らは、利用者約2000万人を対象にニュースフィードのアルゴリズムに変更を加える実験を行っている。通常なら猫の動画や卒業の報告、ディズニーワールドで撮った写真などが流れるはずのところで、硬派なニュース記事が流れる割合を増やしたのだ。ニュース記事を友達の誰かがシェアすれば、その記事はニュースフィードの上のほうに優先的に表示されるという〝微調整〟を行ったのだ。

メッシング氏らは、友達の投稿が流れてくるタイムラインにニュース記事の割合が増えることで人々の政治的行動に変化が見られるかどうかを検証しようと、選挙後にアンケートを配信して実態調査を行った。回答者の自己申告に基づく調査結果から、対象者のうち、選挙で投票した人の割合は64％から67％へと3ポイント上昇したことが示された。

またフェイスブックは、２０１０年の中間選挙時には６１００万人の有権者のフィードのトップに投票したことを友達に知らせるボタンを表示している。その結果34万人を動員し、投票者数を０・４％引き上げたと、２０１２年9月に「ネイチャー」にフェイスブックとカリフォルニア大学の研究者らが連名で発表している。

ＳＮＳの投稿を見たことで、政治的問題や候補者への意見を変えたかという調査（２０１６年）では、８割の人々が「変えたことはない」と答えているが、逆に言うと5人に１人は変えたとも言える。この数字を多いと見るか少ないと見るかは、議論が分かれるところだろう。だが、選挙の結果には十分影響を与えうる、と言えるのではないだろうか。

私たちは「ポストプライバシー時代」に生きている

そうした中で、心理分析に基づいたマイクロターゲティングが人の行動を変えた可能性を指摘する人がいる。この分野の草分け的な存在である、スタンフォード大学の計量心理学者、ミハエル・コジンスキー博士である。第2章で紹介した、フェイスブックを利用したＯＣＥＡＮの心理分析の研究で注目を集めたケンブリッジ学派の一人である。

２０１７年、コジンスキー氏は興味深い研究結果を発表している。それは人の性格の特徴を把握したうえで送られたＳＮＳ広告で、どれだけの人が商品を購入したのかの実験結果である。それによると、ＳＮＳ上の個人データを使って分析した人の性格の特徴に合わせてメッセージやデザインを変えて送られる広告は、そうではない商品広告に比べて40%多くクリックされ、50%多く商品の購入につながったという。商業的な効果が実証できたというわけだ。コジンスキー氏はその論文で、同じ結果がＳＮＳの政治広告でも得られる可能性があるとして、さらなる研究の必要性を訴えていた。

２０１９年1月、ＮＨＫの番組制作をしている制作会社オルタスジャパンが、コジンスキー氏へのインタビューをすることがわかった。私たちは番組を担当していたディレクターに、心理分析が民主主義に使われた可能性についてどう思うかを聞いてもらった。コジンスキー氏は、計量心理学が選挙に使われ投票が操作される恐れを早くから指摘していたからである。その指摘は「心理学において自由意志については何の証拠もない。自身の意思についても強く信じていない」という考えに裏打ちされている。

ＣＡ事件発覚後、コジンスキー氏のもとには取材が殺到し、批判的な声も多く上がった。氏はＣＡへの関与を否定したうえで、それでも自分は「爆弾を作ったのかもしれない」と語った。インタビューの中での、ある言葉が印象に残っている。

「すでに私たちは『ポストプライバシー』時代に生きています。会ったこともない人たちが、あなたのプライバシーを知ることに、大変なモチベーションを持っています」

コジンスキー氏は、それでもこうした技術革新は民主主義の発展に欠かせないと考えている。もはやオフラインで生活することはできないのだと。ＳＮＳを利用することで、自分と異なる考えの人とも出会える。いままで自分が見向きもしなかった記事に偶然出会うかもしれない。悪いのはツールではなく、凝り固まった人間の頭だという。ＳＮＳを使いこなすには、そういった好奇心や、フェイクを見分ける力が必要なのだ。いずれにせよ、もう後戻りはできないのだと。

他国による選挙干渉の実態

また、フェイスブックのマイクロターゲティングが外国からの選挙干渉に利用されていた事実は、一連の事件で世界各国の政府が最も問題視している点である。「ロシア疑惑」の捜査を主導したロバート・モラー特別検察官は、ロシア政府がアメリカ人や団体を装ってツイッターやフェイスブックなどのＳＮＳに嘘の情報を流して選挙干渉を行ったと断定し、ロシア政府に近い団体であるインターネット・リサーチ・エージェンシー（ＩＲＡ）の13人を起訴した。２０１９年4月に公表された捜査報告書の中では、ＩＲＡによる工作は２０１４年から始まっており、２０１６年にはトランプ候補を当選させる目的の情報操作だったと結論づけている。そのねらいは、アメリカ社会の分断を助長させることだった。

また、アメリカ連邦議会の上院情報問題特別調査委員会が２０１８年12月に公開した２つの調査リポートがある。ロシアによる選挙介入の実態を詳細に記したもので、ＩＲＡによるＳＮＳ上の投稿に関する詳細な分析結果である。ＩＲＡのフェイスブックの投稿を目にした人は1億２６００万人、インスタグラムでは２０００万人、ツイッターでは１４０万人だったという。投稿を仲間や家族にシェアした人はフェイスブックだけで３０００万人にのぼる。投稿のほとんどは政治広告という形態ではなく、一般的な記事が多くを占めていた。２０１７年だけでも、ＩＲＡは日本円にして13億円をＳＮＳにつぎ込んだと推計されている。

調査リポートは、特に黒人を対象にした作戦が多く展開されていたことを明らかにしている。アメリカ人の名前に似せたアカウントから、実際の政治集会への参加を呼びかけるといったことを行っていた。また、トランプ陣営も使ったと公言した「投票抑制」戦略を、ＩＲＡも行っていたと明らかにしている。以下は報告書で指摘された事例である。

- 「携帯電話のショートメッセージを送れば投票ができる」と、嘘の情報を投稿
- 「民主党でも共和党でもない第3の候補に投票するよう」誘導
- 「投票日は自宅に待機するように呼びかけ」という投票抑制

このように、ＳＮＳが外国からの選挙干渉の重要な道具として使用されている実態があったのだ。ＣＡ事件を調査するイギリスのＩＣＯ（個人情報保護監督機関）は、ＳＮＳ政治広告でマイクロターゲティングの利用をやめるべきだと提言している。さらに、アメリカ

の諜報機関はSNSを通じた選挙介入を防止する取り組みは十分ではないとし、2020年の大統領選でもロシアなどの敵対国がアメリカ社会を分断しようと、引き続きSNSによる情報操作を企てる可能性があると指摘している。

ウイルスのように感染し、拡散する怒り

一部の人々は自分が信じるニュースをフェイスブックやツイッターで拡散し、意見の異なる情報に対して執拗なまでに攻撃的なコメントを行っている。そんな光景が日常茶飯事になったいま、「インターネットは社会を分断する」と言われて久しい。現在に至るまで様々な議論があるが、それは事実だろうか。

それを考える一つのサンプルとして、2016年大統領選のデータを見てみたい。MITの選挙分析のチームが作成した、大統領選の時に共和党支持者と民主党支持者のネット上のやりとりを可視化した解析がある。それを見ると驚くべきことがわかる。

図4―1を見ていただきたい。このソーシャルグラフは、やりとりの密度が高ければ同じ人とのやりとりが多いことを示している。右に伸びた線の密度が濃い塊が共和党支持者の集団で、これは同じ相手と何度もやりとりを行っていることを示す。一方、民主党支持者

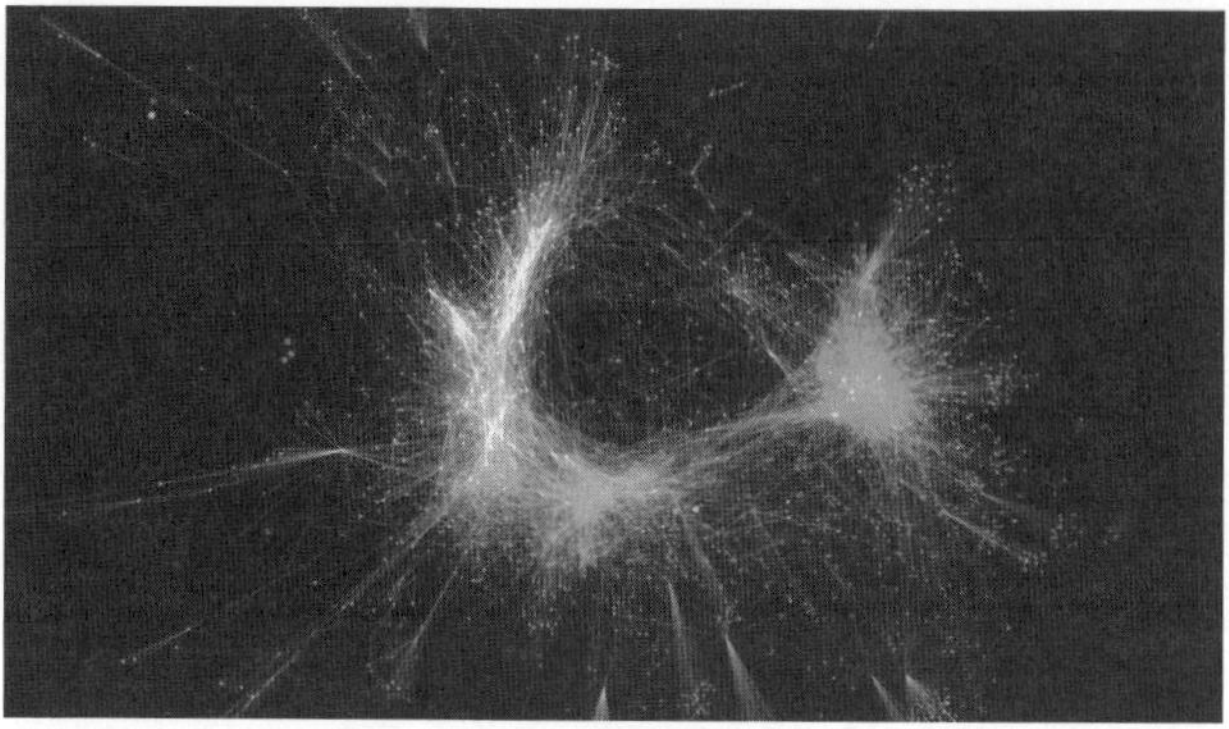

図4–1　ツイッター上でのやりとりを可視化したもの。左がクリントン支持者、右がトランプ支持者（出典：The Electome | The Laboratory for Social Machines at the MIT Media Lab）

のやりとりは、線が長く伸びており一回のやりとりは多くないが、多様な人とやりとりをしていることがわかる。つまり、民主党支持者の間では異なる意見の人や共和党支持者とのやりとりが見られるのに対し、共和党支持者たちは同じ思想の人同士で何度もやりとりを繰り返しているのである。

　また、共和党支持者に多い保守的な考え方を持つ人々が、フェイクを拡散しやすいという研究もある。ニューヨーク大学のジョン・ジョスト教授は、保守派とリベラル派に対していくつかの認知に関する心理テストを行った研究結果を公表している。それによると、「一生懸命長時間考えることに満足するか」「考えることは楽しみか」といったことを段階的に質問していくと、わずかに保守派の方が批判的に考える傾向が低いことがわかったという。つまり、保守派の方がフェイクニュースを受け入れやすいと言えるのだろう。

２０１４年には、データサイエンティストたちがフェイスブックと組んで、70万人近いユーザーのニュースフィードを「参加者」に無断で一週間にわたって操作する実験を行っている。一部のユーザーに対しては肯定的なストーリーに触れる機会を増やし、それ以外のユーザーに対しては否定的なニュースに触れる機会を増やしたのである。すると、いずれのケースでも、フェイスブックのユーザーは作られた現実に影響されて陽気になったり怒りに駆られたりと、行動が変化した。だが、影響が最も顕著だったのは、否定的なニュースを見せられたグループだった。ＳＮＳ経由の感情の拡散は、ウイルスの感染にそっくりだった。研究者たちはこれを「情動伝染」と名づけている。「情動伝染（感情の伝染）は人と人の直接の相互作用なしに生じる」と研究者らは結論づけている。

実際、選挙後に変化は起きていた。ピューリサーチセンターが行った興味深い分析がある。**図4-2**は大統領選期間中からその後、フェイスブック上にどのような反応が増えているかを示したものだ。フェイスブックでユーザーは、ある投稿について「いいね」のほかに「愛（Love）」や「笑（Haha）」「驚き（Wow）」「悲しみ（Sad）」「怒り（Angry）」「感謝

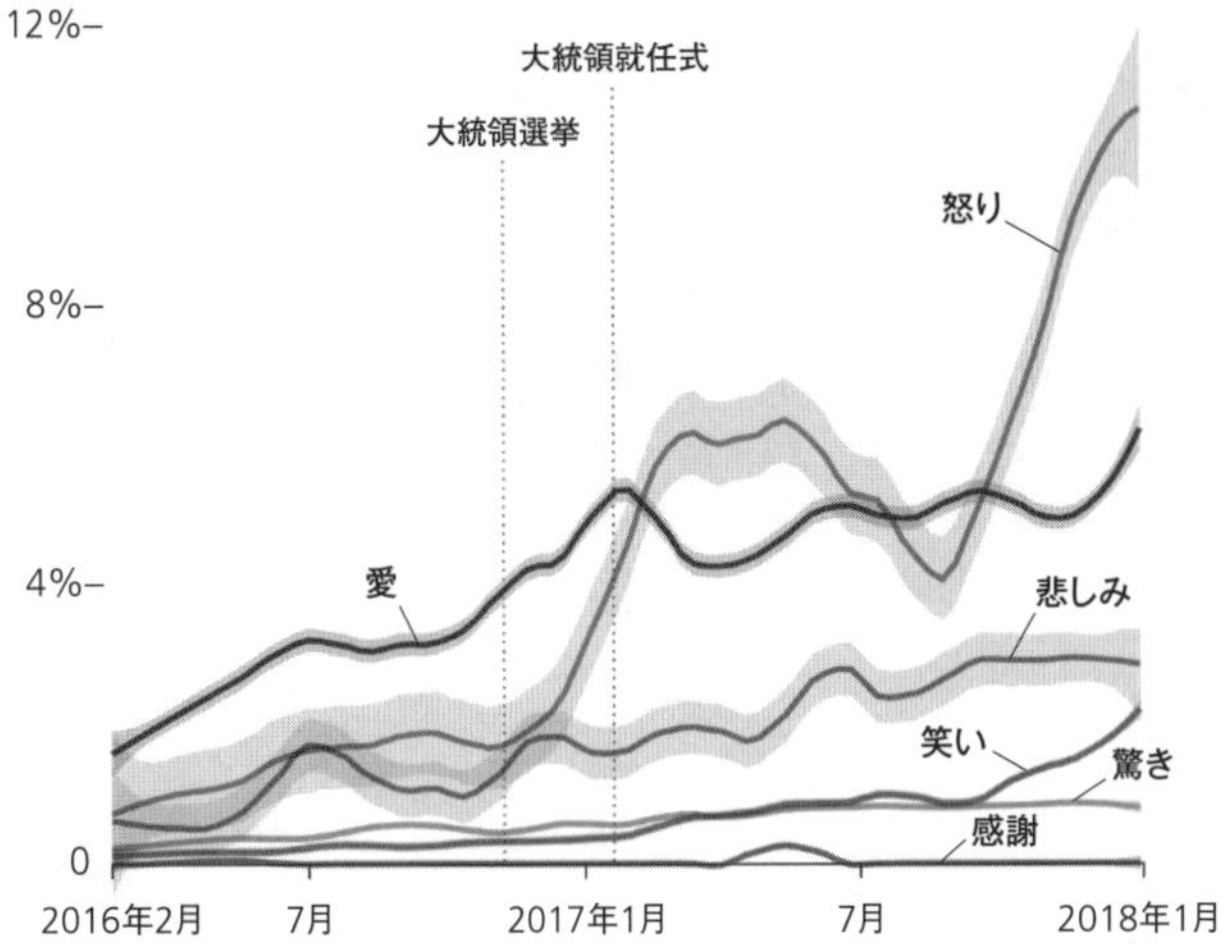

図4–2　リアクション別に見るフェイスブックの投稿への反応の推移（対象期間は2016年2月23日～2017年12月31日。2018年、ピューリサーチセンター調べ）

（Thankful）」でリアクションすることができる。表を見れば一目で明らかなように、選挙があった２０１６年11月から「怒り」が急激に増え始め、トランプ大統領の就任式以降は「怒り」がダントツになっていくのである。それがＣＡの仕掛けた戦略の結果かははっきりとはわからない。しかし、データからは大統領選がアメリカに残した傷が見てとれる。

「怒り」に関しては、もう一つ興味深い研究がある。２０１３年、中国のデータサイエンティストがＳＮＳのウェイボーでの会話を対象に、ユーザー20万人の７０００万件のメッセージを分析した包括的な研究を行っている。その結果、SNSで最も速く、最も遠くまで伝わる感情は「怒り」であり、ほかの感情を圧倒したのである。「怒りは喜びなどほかの感情より影響力がある」と研究者らははっきりと結論を下した。「怒りの雰囲気が社会的なつながりによって伝わると、関連ニュースの拡散を煽り、世論と集団行動の形成を加速させる可能性がある」と研究チームは指摘している。

嘘が通用してしまう構図

私たちは、中間選挙の期間中、期日前投票を行う人々に取材する中で「怒り」の影響力を感じていた。ある民主党支持の有権者は「私たちは、誰かの怒りに触れることに疲れています。前回の大統領選以来、共和党の人たちと話ができなくなりました」と私たちに語った。アメリカにはこれまでにも人種や性別、都市と地方など、様々な分断があった。しかし、いまアメリカを最も分かつ論点は、トランプ支持かそれ以外かというものである。政治において誰を支持するかで、「我々」と「彼ら」を語り分けていたのである。お互いに見ている情報が違うこともわかっていた。それでも何を語りかければいいのかわからないと途方にくれていたのである。

私たちは、取材の最後にニューヨーク大学の政治学者ジョセフ・タッカー教授を訪ねた。マイクロターゲティングの政治的な影響を研究してきた人物である。彼はマイクロターゲティングによって嘘が通用するようになってしまった現状を危惧していた。本来の民主主義では、有権者は政治家が約束を果たしていないと考えれば、その人を権力の座から降ろす選択肢を持てる。しかし情報がパーソナル化し、グループの中だけで感情が伝染してしまう現代では、政治家はいくら嘘をついてもその場にとどまってしまう。トランプ大統領の支持率が40％前後で推移してきた理由の一つに、マイクロターゲティング技術があることは否定できない。少数派が怒りや憎しみを増幅させる構図をタッカー教授は指摘する。

「私が心配しているのは、かなり極端な見解を持つ一握りの人々の存在です。反民主主義や反マイノリティ、女性嫌悪などの意見を流布しています。彼らは少数派ですが、メッセージをオンラインで増幅するツールを持っています。そしてジャーナリストは彼らのメッセージをネットメディアでリポートしています。そしてこれら少数派と決して面と向かって関わることのなかった人々がその記事を読みます。そうすると中には、こういう意見もオーケーなんだ、こんなふうに他の民族のことを悪く言ってもいいんだと思う人もいるのです。そして時が過ぎるにつれて、彼らは自らの意見を自己強化していくのです」

テクノロジーが生んだ「不平の種の貯蔵庫」

政治学者の平林紀子氏は、マイクロターゲティングによって有権者の声を聞こうとする応答性が高まることや、サイレントマジョリティーの代表力を高めることなどをポジティブに評価している。有権者から大量の個人データを集めることは、政治家からの一方的で自己満足的な訴えを変える可能性がある。一方で平林氏は、有権者の声を市場の声として捉えるあまり、一回きりの応答で終わってしまい、政治の不信感を高める恐れがある点を指摘する。都合のいい応答を返すことで選挙結果は得られても、政治の中身がともなわなければ、政治家に裏切られたと思うだろう。また、個人データから聞かれる有権者の声は「私益」であって、必ずしも「公共利益を測るものとはならない」点も同時に指摘している。人々の好みに反応するだけでは公共性のある政治的決断は難しいだろう。短期的な利益だけでなく、長期的・持続的な視点は欠かせない。

テクノロジーと社会の関係について詳しいイギリス在住のジャーナリスト、ジェイミー・バートレット氏は、CAのスキャンダルによって民主主義の根幹をなす〝議論の質〟が変わってしまったと指摘する。アナログからデジタルへ言論の場が移行していることに対応できておらず、民主主義が危うくなっているというのだ。問題の本質は、ネット上に残される私たちの膨大な個人データを使って、特定の有権者にピンポイントで情報を届けることが可能になったことだと指摘する。つまり、これは同じ候補者がそれぞれの有権者にとって都合のいい情報だけを伝える手段が確立したことを意味する。それぞれの有権者がこの特徴を理解したうえで情報の収集を行わない限り、その事実にすら気づかない危険性があるのである。

また、テクノロジーの進化によって、いま、インターネット上には人類史上最も大きな「不平の種の貯蔵庫」が生まれたという。共通する〝不平の意識〟をもとに、ともに戦おうという意識が芽生え、同じ意見をもつ者同士が集まる「政治的な部族化」が表れているのだ。

これまで政治は、公の場で多くの人が同じ情報を共有した上で議論していた。だが、ＳＮＳというきわめて私的で閉ざされた空間に議論の場が移ることで、民主的な議論が成立しなくなる危険性があるのである。これまで見てきた通り、ＳＮＳの政治広告は外国からの選挙干渉の温床となっており、フェイクニュースや誤解を与える情報が野放しにされている。フェイスブックやグーグルは政治広告を一覧にして公開するなどの対策を進めるが、その広告の資金源までは明らかにされていない。次のアメリカ大統領選や、今後世界中の選挙が行われるうえで、根本的な問題の解決には至っていない。

そんな中、２０２０年の11月に控えるアメリカ大統領選は、前回の成功体験を有する共和党と、それに対抗する民主党との間で、どのような動きがあるのだろうか。次章では直前に迫った大統領選における両陣営の最新の動きを見ていきながら、そのゆくえを考えてみたい。ＡＩの技術が当たり前になる世界で、政治は、また巨大テック企業は、そしてジャーナリズムは、どのように変貌しつつあるのだろうか。

第5章　デジタル選挙戦略の最前線

――2020年アメリカ大統領選を読む

2020年のトランプ陣営vs.民主党

ここからは２０２０年の米大統領選における両陣営のデジタル戦略を概観しながら、最新の状況からＡＩ世論操作がどう行われようとしているのかに迫りたい。

２０１９年6月18日、トランプ大統領は再選に向けて正式に大統領選への立候補を表明した。「米国を再び偉大にする」という公約は達成したとして「米国をこれからも偉大に」という新たなスローガンを掲げている。共和党支持者のフェイスブックのフィードには、この言葉の入った広告があふれている。第1章でも触れたように、トランプ陣営は２０１６年の大統領選でデジタル戦略のトップを務めたブラッド・パースケール氏を、キャンペーン全体を統括するマネジャーに昇格させた。この体制からも選挙の主戦場がウェブであるという方向性がはっきりと表れている。

一方の民主党は、そんな共和党に対してどのような戦略を採っているのだろうか。

２０１６年の敗北を糧に、いま民主党は若年支持層が中心となってトランプ陣営への対抗策を次々と打ち出している。そこにはオバマキャンペーンで有権者とのエンゲージメント（信頼関係）を強めた民主党のデジタル戦略が、クリントン陣営にはうまく引き継がれなかった反省もある。

両陣営の動きを見ると、２０２０年の大統領選におけるデジタル政治広告への投資額は史上最大の規模となる見込みである。政治コンサルティング会社のボレルはその金額を、すべてを合わせると前回の大統領選のおよそ2倍となる29億ドル（約３１００億円）にのぼると推計する。また別の推計によると、デジタル政治広告に使われる費用はすべての政治広告の半分もの割合を占めると見込まれ、両党にとっての主たるツールになると考えられる。両党の激化する攻防は、アメリカの民主主義をどう変えようとしているのか。

高度化するマイクロターゲティング

先述のパースケール氏は２０１６年の勝利の後、ドキュメンタリー番組の中で「ツイッターは大統領が人々に話す方法です。フェイスブックこそが大統領の勝利のための手段なのです」と、同党のフェイスブックにおけるマイクロターゲティングを称賛している。クリントン陣営は６万６０００ほどの政治広告を作成したのに対し、トランプ陣営は５９０万もの政治広告を作成し、ターゲティングの精度でも圧倒していた。

こうしたマイクロターゲティングは現在さらなる進化を遂げようとしている。これまでフェイスブックにおけるマイクロターゲティングに用いられたのは、ＳＮＳなどウェブ空間の情報から個人をプロファイリングする機能だった。しかし、現在パースケール氏が進めるのは、オンラインとオフラインを統合したマイクロターゲティングだというのだ。

　どういうことだろうか。２０１９年7月1日、トランプキャンペーンのプライバシーポリシーに変更が加えられた。追加されたのは「あなたの位置情報へのアクセスを許可する場合、私たちのサービスプロバイダーはあなたのデバイスから位置情報を収集します」という文言である。つまり、携帯電話のＧＰＳなどの位置情報を取得する同意を求めているのだ。

　政治アナリストのマイケル・ポドホーザー氏によれば、この文言が追加された背景には、位置情報と街中に設置された「ビーコン」と呼ばれるブルートゥース装置を使ってメッセージを送る計画があるという。日本でも商業施設に足を踏み入れると特定の広告が表示されるサービスがあるが、これは携帯電話の位置情報をもとにビーコンからメッセージを送られるからだ。トランプ陣営が進めている新たなマイクロターゲティングは、携帯の位置情報に合わせて政治的なメッセージを送信することをねらっているのだ。すでに収集している有権者の情報と現在の位置情報を組み合わせることで、特定の時間と場所でそれぞれの有権者に合わせたメッセージを送ることが可能になる。ビーコンから送ったアンケートに有権者が答えれば、その人のデータをすべて収集できる機能もつけられる。この仕組みを利用すれば、選挙の際に、投票所の近くを通った有権者にメッセージを送って投票に行かせやすくすることもできるだろう。ポドホーザー氏によれば、こうした戦略が可能なのは、共和党が民主党に対して資金面で圧倒しているからだという。

効果的なのは、例えば全米ライフル協会のイベント会場にビーコンを置いて、「銃規制には反対」というトランプ大統領のメッセージを流すことだ。この時、若者か高齢者かによってメッセージを変えることもできる。潜在的にトランプ支持者が多く集まりそうな場所は、個人データによって明らかである。有権者はもはやオンラインでもオフラインでも監視されているのだ。

買い物に出かけた時や誰かとデートしている時、あるいは仕事帰りにも、トランプ大統領に投票してくれそうな人には「投票所はあちらですよ」とメッセージが届くかもしれない。そうすると民主党支持者が目にする情報とは大きな差が生まれるだろう。インターネット上の平面的なプロファイリングだけでなく、個々人の行動も加えた立体的なＡＩのプロファイリングが可能になってきているのである。世論の作られ方も大きく変化するのではないだろうか。

AIを活用したボランティア勧誘作戦

２０２０年の選挙戦を統括するパースケール氏はさらに、歴史上最大の地上作戦を展開すると宣言している。それは２０１６年に70万人だったトランプ陣営のボランティアの数を１６０万人にまで拡大するという選挙ボランティアの勧誘である。そのために、これまでより幅広い層へのアプローチを始めている。女性、アフリカ系アメリカ人、ヒスパニック系など、これまでトランプ陣営が重視してこなかった層のデータを収集してボランティアに勧誘するという。２０１６年には勧誘メッセージにスペイン語の翻訳がなかったことから見ても、その変化は大きい。

なぜトランプ陣営はボランティアを重視するのか。実は何度かテストをする中で、デジタルキャンペーンだけでなく、ボランティアによる訪問を組み合わせることで、より投票してくれる人を見つけだせることが判明したのだという。訪問の際にはＡＩの機械学習で選び出された効果的な会話の内容がボランティアの持つスマートフォンのアプリに表示される。例えばある有権者には「刑務所改革の必要性」を訴えることが効果的かもしれない。訪問が終われば、その時の会話をアプリにフィードバックし、さらなる機械学習で精度を上げていく。パースケール氏はこの戦略にこれまで月２００万ドルを投入しているが、最終的にその資金はトータルで10億ドルに至るだろうと明らかにしている。アナログな活動にデータやＡＩを活用することで、さらなる進化を目指しているのだ。

２０１８年のインタビューで、パースケール氏は次のように語っている。

「これらの（デジタルの）社会的プラットフォームはすべて、西海岸と東海岸の非常にリベラルな人々によって発明されたものです。ですが私はそれを保守的な価値を広めるためにどう使用するかを考えています。リベラルな人々は、私たち共和党員にその技術をこんなふうに使われるとは思ってもみなかったでしょう」

シリコンバレーがあるカリフォルニア州は民主党の牙城として有名だ。トランプ陣営が強化している技術は、こうした場所で生まれた技術なのである。

それでは、本来デジタル戦略に強かったはずの民主党は、トランプ陣営にどう対抗しようとしているのだろうか。

民主党の逆襲なるか　テックフォーキャンペーン

民主党の候補者指名争いは、２０１９年末時点で結論は出ていない。そのため民主党のデジタル選挙戦略は特定の候補者のものではなく、民主党系のキャンペーン会社の動きなどから、トランプ陣営への対抗策という視点で見ていきたい。

まず注目すべきは、２０１８年の中間選挙を前に立ち上がった「テックフォーキャンペーン」という会社だ。設立したジェシカ・アルター（当時38歳）はもともと政治に明るいわけではなかったが、テロ対策を名目に大統領令として出された「ムスリム系の入国禁止令」のショックが大きく、移民国家を否定するようなその政策に、自分ができることをしなければと動き出したのだという。

アルター氏が問題と感じたのは、データ駆動型キャンペーンとも言われたオバマキャンペーンのデジタル戦略が、民主党内でほとんど引き継がれていないことだった。２０１８年の中間選挙でも、州レベルの民主党議員にはデジタルキャンペーンが後回しになっており、人材や予算も不足していた。そこでアルター氏らは、シリコンバレーの民主党支持の技術者のネットワークを構築し、ボランティアでデジタルキャンペーンを支援する仕組みを構築した。サイトを立ち上げてわずか3日で７００人、トータルで集まったボランティアの数は８７００人（２０１８年10月）を超える。中にはグーグルやフェイスブック、ネットフリックスなどの技術者も含まれていた。アルター氏と同じように、自分も何かしなければと思っている人々の組織化に成功したのだ。

　また、デジタルキャンペーンが不足している候補者に対して、技術者やマーケター、データサイエンティストのチームを組織して支援を行っている。運用資金はクラウドファンディングで賄われた。この支援のメリットは、地理的な制約に縛られないことである。例えばフロリダ州の州議会に立候補していた、議員としては初のイラン系アメリカ人であるアンナ・エスカマニ氏は、当初自分のキャンペーンのためにボランティアで時間を割いてくれる人がいることを信じられなかったという。テックフォーキャンペーンの支援を受けたエスカマニ氏は、見事当選を果たしている。

課題の残る民主党の個人データ管理

　こうした支援を受けた候補者は全米で200人近くに上った。アルター氏が中間選挙で活動を始めたねらいは、2020年までに技術者のネットワークを構築し、有権者のデータを収集することが目的だったと語っている。

「いま、真のデジタル部門を築いていかなければ、共和党の遅れをとって、すべてのレベルで負けてしまう。いま始めなければ、2020年には遅すぎるのです」

次の大統領選に向け、民主党は着実に準備を進めている。その一つを紹介しよう。
共和党の牙城とされるテキサス州では、有権者登録をするためのアプリの開発支援が行われた。これまでのデータの分析から、テキサス州の白人系アメリカ人のほとんどが選挙に行くのに対して、ヒスパニック系の有権者は投票するための登録の仕方さえ知らないことが多いことが明らかになった。２０１４年の中間選挙で、ヒスパニックは州の市民の29％を占めていたが、投票者の19％にとどまっていた。そこで、投票者のデータと郵便データを組み合わせて、どこに未登録者が住んでいるかをアプリの地図上で特定し、２０１８年の10月までの半年間で52万９０００人に登録申請書を郵送した。その結果、15万６０００人が新たに選挙登録し、11万２０００人が投票したという。２０２０年では、さらに活動を拡大する予定である。

　こうした個人データ収集の強化は、民主党の基本戦略に据えられている。民主党は共和党に追いつこうと、２０１８年の中間選挙からデジタル戦略の強化に乗り出し、陣営や支持団体が共有して使用することができるデータベースを構築しようとしている。オバマ元大統領の陣営が中心となって収集した有権者のデータベースは、サーバーの老朽化のため、わずか数時間単位で利用できなくなる代物だった。また、そのデータベースは有権者のデータを関係する政治団体と共有する「データ・エクスチェンジ」と呼ばれる機能を有していなかった。民主党内には統一的なデジタル戦略が確立されておらず、デジタル戦略に明るかったといわれるオバマ元大統領でさえも、あくまでも陣営として有権者のデータを集めるにとどまっていた。そのため選挙があるたびに陣営ごとにデータを作り直し、選挙が終わって人材が各方面に散らばってしまうと、データもノウハウもなくなってしまっていた。

　政党として有権者のデータベースの管理運営をしている共和党に差を広げられていることの危機感が共有された民主党は、２０１９年2月、全国組織である民主党全国委員会が初めて有権者のデータを関係する政治団体と共有する「データ・エクスチェンジ」の構築を行うことを発表した。だが、実際のデータ収集を担っている州レベルの民主党組織に恩恵がないことから反発が高まり、議論は1年半もの期間続けられた。さらには、データベースの使い勝手の悪さがすでに課題となっており、２０２０年に向けて実際にどれほど利用されるのかはわからないと報じられている。

　民主党のデータベースを利用したい場合、候補者は州ごとに有権者のデータを全国委員会から購入する必要があり、その額はアイオワ州単体でも日本円にして１３００万円にのぼる。無料で利用できる、共和党が管理する有権者のデータベースとは使い勝手が大幅に違うため、民主党の大統領候補の中にはすでに営利企業のデータベースを使う者も出てきている。

トランプ陣営への対抗的な語りを拡散する

データベースの構築だけではない。トランプ陣営のＳＮＳ戦略に対抗するためには、民主党候補者のメッセージを伝えるだけでは十分ではないのではないか。そう考えているのが、非営利のデジタル戦略グループ「アクラニム」を立ち上げたタラ・マクゴワン氏である。アクラニムというのは「頭文字」という意味だ。

例えば、ウクライナ疑惑をめぐってトランプ大統領を「職権乱用」と「議会の妨害」で罷免《ひめん》するかどうかを決める弾劾裁判について、トランプ陣営が流すＳＮＳ広告の内容は「大統領はウクライナで汚職を捜査しようとしただけ」「民主党が弾劾裁判を政治利用している」というものだった。こうしたＳＮＳ上の情報戦に、トランプ陣営と共和党は中間選挙以降２８００万ドルを投じてきたのである。ＳＮＳ上には民主党を攻撃したり誤解を与えるような内容も紛れ込んでいる。フェイスブックは一部の過激なヘイトスピーチには対応を始めているが、ミスリーディングとなりうる情報などは表現の自由を担保するために取り締まらない方針を示している。

マクゴワン氏は、〝目には目を〟とばかりに、トランプ陣営に対抗する広告を流し始めている。自ら「ニュースメディア」を立ち上げて、民主党よりの情報を「ニュース」の形態を取って発信しているのだ。彼女は経験のあるジャーナリストだが、およそジャーナリズムとは言えないこうした手法まで取り入れなければ、トランプ陣営には対抗できないという考えを抱いている。アクラニムはアリゾナ州やミシガン州などの接戦州のスウィングステートに裕福なリベラル層から集めた７５００万ドルもの資金を使いＳＮＳの政治広告を投入すると表明。勝敗を決定づける重要な州に集中して、トランプ陣営を圧倒する作戦である。

「私たちのデジタルメディア環境は分散化されています。そこに規制はありません。誤った情報が蔓延《まんえん》しているだけでなく、世界で最も強力なプラットフォームによって容認されています」

「行方不明」の7万7０００人をどう選挙に行かせるか

ジャーナリストでもあったマクゴワン氏は、２０１６年の大統領選後、民主党が敗北した要因を全米を回って調査し、論文として発表している。そのタイトルは「政治権力を構築するためにメディアへの投資を再考する」。そこで見えてきたのは、政治に関心を失ってしまった隠れ民主党支持者の存在と、彼らが生まれた原因だった。

トランプ大統領の誕生を考えるうえで、彼女は「信頼できる地元新聞が減少した」ことを指摘する。１９７０年から２０１６年まで、全米で５００近くもの新聞が廃刊した。また全米新聞編集者協会によれば、１９７８年から２０１５年の間に新聞社で働いていた１万人以上の社員が職を失っている。一方で、大手紙であるニューヨークタイムズやワシントンポストは、ウェブ上の記事を有料化したことで、リベラルな富裕層以外に記事が届きづらくなった。読者の購読勧誘もまた、富裕層向けにパーソナル化されている。

信頼できる地元新聞が失われた結果、第1章でも触れたように「機能不全の情報生態系」が起きた。ＳＮＳにあふれているのはヘイトスピーチや政治の汚職記事ばかりで、政治に関わろうと思える情報が失われていた。その結果、スウィングステートにおける7万7０００人の僅差で大統領選に敗れてしまったのだと。この「行方不明の7万7０００人」

の民主党支持者を投票に行かせることが必要だと、マクゴワン氏は考えた。

そこで彼女は、裕福なリベラル層から2500万ドルを集め、営利的なメディア企業「クーリエ・ニュースルーム」を立ち上げた。すでに6つの主要なスウィングステート（アリゾナ、ミシガン、ノースカロライナ、ペンシルベニア、バージニア、ウィスコンシン）で、地元の記者と編集者とともにデジタル新聞を開始している。

配信する記事の内容は近所の犬の紹介からトランプの弾劾裁判まで幅広い。例えばバージニア州の地元ニュースを扱うデジタル新聞「ドッグウッド」では、以下のような記事が並ぶ。「バージニアでグリーンニューディール政策を通すことの難しさ」「バージニア州の民主党議員への票を集める計画」「共和党に率いられた議会が、銃の聖域を生み出す」。民主党・共和党に関する情報が3つに2つはある。また、環境政策や銃規制などの話題ではリベラルな論調が目立つ。いずれもローカルなネタにこだわることで、読者と信頼関係を築くことをねらっている。マクゴワン氏は次のように語る。

「地元のニュースが消えるにつれて、有権者の政治への関与と参加が減少してきました。有権者が良い情報を入手できなければ、投票は期待できません。偽のニュースや誤報の中で、私たち（民主党）は事実を人々に伝えられていなかったのです」

読者は気に入った記事を「いいね」したり「シェア」したりするだろう。そこで広がる読者のつながりは、そのまま民主党に投票する可能性が高い集団である。また、読者はあらかじめ個人データの取得に同意しており、読者の中で民主党に投票しそうな有権者をプロファイリングすることができる。こうして集めたデータをもとに、選挙戦ではマクゴワン氏が運営する「アクラニム」から政治広告を送ることができるのである。

ジャーナリズムと政治広告の境界が溶け始める

記事を配信しながら、そこで得た個人データを選挙に活用するというやり方に対し、右派だけでなく左派からも「ジャーナリズムを悪用している」「読者を政治的に操作している」という批判が起こっている。しかしマクゴワン氏はそれに真っ向から反論してこう話す。

「ジャーナリストは記事でバランスをとっていると言うかもしれませんが、記事が届けられる読者の環境には、もはやバランスは存在していません」

マクゴワン氏の動きに呼応するように、エリザベス・ウォーレン氏、ピート・ブティジェッジ氏、カマラ・ハリス氏（２０１９年12月に撤退）など、よりデジタルに明るい民主党の候補者の一部が、ニューハンプシャー州とアイオワ州の地元のニュース記事の配信を増やすためにフェイスブックに投資をしたという。

これまで「怒り」など感情に訴える広告を作ってきた共和党に対し、民主党は数字や事実を中心にした広告を作成し拡散させた。だがそれだけでは不十分だった。マクゴワン氏らが運営するニュースには地元に密着した党派色の強い記事が掲載されている。これはメディアと個人データの収集、そして政治広告が連動することで、有権者を党に巻き込むことができるという計算からだ。２０１９年11月５日に行われたバージニア州の州議会選挙では、不在者投票はこれまでの倍になったという。その多くはいままで投票に行っていなかった学生などの若者だった。どれだけの人がドッグウッドのニュースを見たかはわからないが、マクゴワン氏は確かな手ごたえを感じている。これを続けることで「民主党の永久的なインフラ」を作りたいと彼女は話す。その腕には、オバマキャンペーンの「Yes we can」のタトゥーが刻まれていた。

広がるテック企業の自主規制

このように両党のデジタル選挙キャンペーンは２０２０年の大統領選に向けて激化して

いる。一方、激しさを増す両党の動きに対して巨大テック企業は対策に動き出した。２０１９年11月、グーグルやフェイスブックなどの企業がデジタル政治広告の自主規制を一斉に発表している。

アメリカ社会がソーシャルメディアの運営会社に対し、政治広告について厳しく対応を求めるようになったのは「ロシア疑惑」がきっかけだった。一連の問題が明らかになるにつれて、ソーシャルメディア企業には嘘の情報を野放図に拡散させているだけでなく、そのプラットフォームが、どのような政治広告がユーザーに送られているのかを外部から検証できないことへの厳しい批判が向けられるようになった。

こうした世論の急激な変化も要因となり、ソーシャルメディアの運営会社はデジタル政治広告を規制する方針を相次いで発表した。先陣を切ったのはツイッターである。２０１９年10月末、同社ＣＥＯのジャック・ドーシー氏は「世界中で政治広告を掲載しない判断をした。支持は買うものではなく、努力によってのみ獲得するべきものだ」とツイッターに投稿している。ただし、政治的主張を含むメッセージを広告として発信しているＮＧＯや団体から、資金力のないＮＧＯがソーシャルメディアを使えなくなることへの批判が殺到し、同社は政治広告に含める範囲を政党や政治団体が資金提供する広告に限ることを後日発表することとなる。

続いてグーグルがデジタル政治広告においてはマイクロターゲティングの手法を使えなくなることを発表した。政治広告の掲載そのものは認める一方で、有権者の特徴を細かく分類して個別にメッセージを送りつける手法は使えなくする方針を打ち出したのである。また、グーグル傘下のユーチューブの社長は、2019年12月に行われたCBSテレビのインタビューの中で、トランプ陣営のデジタル政治広告300件について、「規則に違反した」としてすでに削除したことを明らかにしている。

一方、アメリカの政治広告の主戦場となっているフェイスブックのCEOマーク・ザッカーバーグ氏は当初、政治広告にたとえ虚偽の情報が含まれていたとしても、言論の自由を守るためデジタル政治広告への規制はしないとスピーチし、ツイッターやグーグルとは異なる対応を示した。しかしこうした姿勢がメディアや専門家から批判を浴びると方針の転換を示唆することになる。一部報道ではマイクロターゲティングを現在の100人単位から1000人単位に広げることで効果を弱める方針であると報じられている。また、2020年1月、フェイスブックはフィードにカスタムオーディエンスに基づいた広告を表示させないことをユーザーが選べる機能を追加すると発表した。つまり、フェイスブック上のマイクロターゲティングをユーザー自身が止められるのだ。これは政治広告だけでなく、商業広告も対象となる。まだ嘘や誤解を与える情報が防ぎきれていないというフェイスブックへの批判はあるものの、対策としては一歩前進したと言える。

このように、各社は２０２０年の大統領選で自社サービスのプラットフォームが悪用されないように、自主的な規制に乗り出しているのが現状である。

混迷を極めるデジタル政治広告の世界

アメリカ大統領選を1年後に控えたタイミングでソーシャルメディア各社がデジタル政治広告の自主規制を発表したことは、すでに各陣営とも広告キャンペーン戦略を作り込んだあとの発表だったこともあり、大統領候補の陣営からは大方不評である。中でも政治広告を規制しないと明言していたフェイスブックが、先に述べたマイクロターゲティングの精度を落とすための施策を行うという噂が流れると、フェイスブックを多用するトランプ陣営からは一時不満が噴出した。

一方で、そもそもテレビやラジオで流れる政治広告は政府が規制しているのに、なぜデジタル政治広告は政府ではなくソーシャルメディア企業が自主規制をするのかという批判も噴出している。デジタル政治広告への規制がどうあるべきか、結論は出ていない。政治広告の規制を担うはずのＦＥＣ（連邦選挙委員会）には委員が３人しか在籍しておらず、議題を議論するのに必要な定数である４人に届いていない。そうしたことから新たな規制の議論すらできない状況が続いており、トランプ政権下ではいまのところ政府がデジタル広告の規制に乗り出す気配すらないのが実情である。

　また、アメリカの諜報機関が警戒しているロシアやイラン、中国といった国々が２０２０年の大統領選で再び選挙に干渉する可能性は完全には消えておらず、ロシアが使った手法を真似た、アメリカ人によるフェイク情報の投稿を阻止する具体的な方策も出てきていない。アメリカの有力紙であるニューヨークタイムズは、トランプ大統領の御用達テレビチャンネルとして有名な保守系のフォックスニュースに20年間在籍した元幹部が退職後、マケドニアの青年たちを使って保守派と革新派のウェブサイトをそれぞれ設立し、フェイスブックを通してフェイクニュースを流していたことを明らかにした。この報道を受けて、フェイスブックは３００万のフォロワーがいたこの元フォックスニュース幹部のページを閉鎖する事態となっている。前回の大統領選でロシアの諜報機関が使っていた手法をアメリカの大手メディアの元幹部が率先して真似をしていた事実は、この問題の根深さを物語っている。

一方で、この問題を国の安全保障問題として重視しているアメリカ軍や諜報機関は、ソーシャルメディアを使った外国からの選挙干渉を阻止しようと具体的な行動に移していることも明らかになっている。ワシントンポストによると、2018年のアメリカ中間選挙当日、アメリカ軍のサイバー部隊と諜報機関が、2016年の大統領選挙で選挙干渉を行ったとされるロシアのIRAをインターネットから遮断するサイバー攻撃を行ったと報じている。政府やソーシャルメディア企業が有効な対策を打てない中、対照的な対応をとっていると言えるだろう。

2020年にトランプ大統領が再選されたとしても、あるいは民主党の大統領が誕生したとしても、ソーシャルメディア企業への風当たりは強まるだろう。トランプ大統領および共和党は、過激な発言を繰り返した支持者のコメンテーターがユーチューブやツイッターの利用を相次いで禁止されたことを受けて、巨大ソーシャルメディア企業が自分たちの政治的な主張を不当に排除していると非難しているし、一方の民主党サイドからは、政治広告の規制に消極的な姿勢を見せるソーシャルメディア企業への批判が相次いでいる。特に民主党の大統領候補の中でもテック企業に友好的だといわれるアジア系で元起業家のアンドリュー・ヤング氏が、「ソーシャルメディア企業は利用者の個人データを不当に使って巨大になりすぎている」として規制が必要だと訴えたことは、全米に驚きをもって受け止められた。巨大テック企業の批判の急先鋒に立つエリザベス・ウォーレン氏に至っては、企業買収を繰り返して市場を独占しているソーシャルメディア企業の分割、解体を訴えており、デジタル政治広告のあり方は大統領選以後も大きな議題になりそうだ。

「民主主義のマニュアル」

　マイクロターゲティングの世論操作にテクノロジーで対抗しようという新たなジャーナリズムも生まれている。ニューヨークに本社を置く非営利団体の報道機関「プロパブリカ（PROPUBLICA）」である。プロパブリカは２０１８年、「民主主義のマニュアル（A USER'S GUIDE TO DEMOCRACY）」というウェブサイトを立ち上げ、中間選挙期間中に投稿されたＳＮＳ上の政治広告について、「誰」が「どのような目的」で「どんな人」にターゲティングされているかの詳細な記事を投稿し、注意喚起を行っている。

　この報道機関はフェイスブックに投稿される政治広告の問題点に早くから注目していた。これまで、大量に流され、なおかつ利用者によって表示される内容の異なる広告の中から政治広告だけを収集することは困難を極めた。しかし政治広告の全容を解明しようと、新たなアルゴリズムを搭載したアプリを開発し、協力者の力を借りて政治広告のデータを収集。そうして集めたＳＮＳ政治広告を分析し、その広告の解説を行ったというわけである。

例えば、社会保障に関する記事の体裁をとった政治広告にはこんな解説記事が書かれた。

「この広告はフェイスブック情報とその他のアプリの情報を元に、65歳以上の女性に送られています。また送り主は、あなたが〝保守的な人〟だと認識しています」

さらに嘘の情報が送られていることや、広告主の資金源までをも調査し、どのような主体が誰にどのような広告を打っているかについて明らかにしている。

私たちはアプリを開発したプロパブリカの記者、ジェレミー・ミレル記者を取材した。ミレル氏によると、ここにも大量の政治広告を解析するためのアルゴリズムが組まれているという。

「ここに私と同僚が開発したマシンによるアルゴリズムがあります。このアルゴリズムが優秀なのは、２つのことを行ってくれるからです。一つは、フェイスブック上で参加者が目にする全ての広告を、政治広告と商品広告とに自ら分別し、政治広告だけを収集できます。そして二つ目に、その広告がお金を欲しがっているのかEメールのアドレスを求めているのかを探知することができます。それによって政治広告の傾向を調査したり、その違法性や虚偽性、例えば自分の正体を偽っている人々を探しています」

同アプリは中間選挙が終了した２０１８年12月までに全米の1万６０００人がインストールし、10万の政治広告が収集された。こうした広告の中から、デマの流布や誤解を生みそうなものについて詳細な解説記事を書いている。

私たちが取材で自宅を訪れた際、彼は中身がブラックボックスになっているフェイスブックの広告の仕組みが問題だと話していたが、プロパブリカの一連の調査報道は、フェイスブックがその後政治広告の一覧を公開するに至った原動力の一つだとされ、研究者の間でも高い評価を受けている。また、フェイスブックが公開した政治広告のアーカイブに盛り込まれている情報が不十分であることを明らかにしたほか、２０１９年1月にはフェイスブックがサイトの仕様を変更し、プロパブリカが政治広告の実態を解明するために読者にインストールしてもらっていたアプリを使用できなくしていたことも紹介することで、フェイスブックの実態も明らかにした。こうした取り組みは未だ多くのことが明らかになっていないマイクロターゲティング広告の実態の解明に確かにつながっており、社会がデジタルに移行する中でジャーナリズムが担うべき新たな役割を体現していると言えるだろう。

「現在はマイクロターゲティングによって、政治家はメッセージを、それを閲覧する人に合わせて調整できます。これ自体は必ずしも悪いことではありません。しかし、候補が何に注力しているのかについての私とあなたの認識は異なっているかもしれません。こうしたことから、様々な争点に関して国民的議論をするのが難しくなっています。しかし、このアプリとそれによって収集されたデータベースがあれば、私たちの選挙がどのように行われているか、政治家がどのように私たちを投票するように説得しようとしているか、国民の理解を促進できます」

ミレル氏は、フェイスブックのようなターゲティング広告は強力で、今後もなくならないだろうと話した。フェイクニュースや印象操作を狙う記事があふれ、その手法が年々高度化していることはこれまで何度も触れた通りだが、そんな中でジャーナリズムが果たすべき役割は、特ダネを書くことだけではない。何が正しく何が間違っているのか、ある情報がどのような意図で読者のもとに届けられているのか、それを明らかにすることもジャーナリズムの役割になっている。

終章

私たちは民主主義を守れるか

個人データの保護は「基本的人権」

さて、ニュースのパーソナル化やターゲティング広告、ひいてはＡＩによる民主主義の支配を可能にしているのは、ネット上の膨大な個人データを守る術がないことに端を発している。検索履歴や個人情報、誰と誰がネット上でどのようにつながっているかといったデータは、企業に一度収集されれば、選挙キャンペーンに利用され得る。さらに時にそれは、国の壁を容易に乗り越えてグローバルに利用される。そのことは本書を通して繰り返し述べてきた。では、どうすれば企業の手にわたった情報を個人に取り戻し、そして民主主義を守ることができるのだろうか。この終章では、世界で始まっている施策を見ていきながら、日本で議論が進む対策について考えたい。

民主主義を守るために最も早く動き出したのはＥＵだった。２０１８年5月25日に施行したＧＤＰＲ（一般データ保護規則）は、ネット上の個人データの保護を「基本的人権」と位置づけている。ＣＡの事件もＧＤＰＲの機運を後押しすることになった。

私たちは早くからＧＤＰＲに注目していた慶應義塾大学の山本龍彦教授を訪ねた。山本氏は著書『ＡＩと憲法』（日本経済新聞出版社、２０１８年）の中で、個人データの選挙への活用は「選挙と統治の断絶（選挙により統治の正当性が調達されない状況）を生む」と述べて日本でも対策の必要性を訴えており、現在国の「ＡＩネットワーク社会推進会議」の構成員を務めている。また総務省と経済産業省のいわゆる〝情報銀行〟を議論する「情報信託機能の認定スキームの在り方に関する検討会」の委員も務め、２０２０年の個人情報保護法改正に向けた委員会の参考人としても招致されている。

インタビューは２０１９年11月に行った。ＧＤＰＲの施行から1年半が過ぎ、その効果を山本氏はどう見ているのだろうか。

「かなり大きな変化があったと思います。解釈がまだ固まっていない条文もあり、執行については課題も山積みです。しかし、ＧＤＰＲの目的でもある企業自身による行動規範の策定や人権への影響評価の実施といった、データ保護のための企業のガバナンス構築は着実に進んでいます。高い制裁金には批判もありますが、制裁金はこうしたガバナンス構築を迫る強制力になっています」

GDPRとは何か

そもそもＧＤＰＲ（一般データ保護規則）とはいかなる規制なのか。

規制の対象は、ＥＵに加盟する28か国にノルウェー、アイスランド、リヒテンシュタインの3か国を加えた欧州経済領域（ＥＥＡ）の31か国のいずれかに子会社などの拠点を置いていたり、商品やサービスを提供していたりする企業や組織である。対象となる個人データは住所やメールアドレス、クレジットカード情報など。また、出張や旅行で域内に滞在する人の情報も含まれている。

ＥＥＡ域外への個人データの移転は原則禁止されているほか、個人データが含まれる文書をメールで域外に送ることも「データ移転」と見なされるなど、企業の根本的な意識改革が求められ、違反すれば世界年間売上高の４％、もしくは2千万ユーロ（約26億円）という高い制裁金が課される。こうした厳しい罰則は企業活動の障害になると反対運動が起きているほどだ。

ＧＤＰＲはデータの持ち主である個人（以下、データ主体と呼ぶ）に様々な権利を認めている。まず第13条と第14条では、データ主体への説明責任が明示されている。データ主体から個人データが取得される場合、データの管理者は取得されたデータの種類やその目的、管理する期間の情報を提供しなければならない。

また第17条では通称〝忘れられる権利〟が定められている。収集された個人データが取扱いの目的と関係なくなっていたり、違法に使用されたりした場合、「データ主体は管理者から不当に遅滞することなく、自己に関する個人データを消去できる権利をもち、また管理者は不当に遅滞することなく、個人データを消去すべき義務を負う」と定められている。こうした権利は２０００年代の中頃からＥＵで議論が積み重ねられてきた。そこには当時ネット上の誹謗中傷の被害が増加していたことが背景にあり、新たな人権の概念として定められたのである。

「データの所有者は個人である」と明確に定めているのは第20条だ。ここでは「データポータビリティ（データ所有）の権利」が記されている。データ主体は「ある管理者から別の管理者へと直接に個人データを移行させる権利を有する」と規定されており、個人にデータを動かす権利が認められている。例えば、Ａ社のプラットフォームを利用していたが、Ｂ社のプラットフォームを利用したくなった場合、Ａ社に収集された利用履歴などをＢ社に移行させることができる。そうすれば、Ａ社で受けられていたカスタマイズのサービスをＢ社でも受けられる。個人データには購買履歴や検索履歴、音楽の再生履歴なども含まれる。この第20条からは、個人データをＧＡＦＡなど一部の企業に独占させてはならないという問題意識が読み取れる。

　そして、ＡＩを語るうえで最も注目すべきなのは、第21条と第22条だ。第21条には「プロファイリングされる場合を含め、いつでも異議を述べる権利を有する」とある。データ主体の訴えに対して「やむを得ない正当な根拠があることをその管理者が証明しない限り」個人データの使用を中止しなければならない。第22条ではさらに踏み込んだ規定がなされている。データ主体に対して「重大な影響を及ぼすプロファイリングを含むもっぱら自動化された取扱いに基づいた決定の対象とされない権利を有する」（第22条1項）。第22条にはＡＩのアルゴリズムのみにすべての判断をゆだねてはならないというＧＤＰＲの思想が表れている。

ただしこうした項目が、選挙で利用されることを防ぐ市民の手段となり得るかは不透明だ。第22条は基本的に「ＡＩの決定だけに基づいて」重要な判断をすることが問題になっているからである。つまり、人間の判断が加味されていれば問題ないとも解釈可能であり、人間の判断も介在するマイクロターゲティングが規制の対象になるかは難しい。ただし山本教授は、ＧＤＰＲが世論操作のためのデータ利用に対しても一定の歯止めになる可能性を指摘する。

「個人の政治的傾向やフェイクニュースへの脆弱性をプロファイリングし、政治的なターゲティング広告を送ることは、選挙権という個人の重要な権利に大きな影響を与えます。

ですので、そうしたプロファイリングを人間の介在なく行うことは、第22条に違反していると考えることも可能です。GDPRは重要事項についてプロファイリングを実施する場合、一律に人権への影響評価（インパクトアセスメント）を求めているので、仮に人間の関与があったとしても、GDPR上、選挙権への影響評価は求められるでしょう。説明責任や透明性の要請は、間違いなくかかってくるはずです」

〝21世紀の人権宣言〟

GDPRを読み解いていくと、データが保護されることは個人の権利であるという思想を強く感じる。だからこそ山本教授は「GDPRは21世紀の人権宣言」だと言うのだ。そこにはEUの歴史的な背景があった。

「いま私たちは、アルゴリズムによって自動的に決定・評価されることが当たり前になる時代に足を踏み入れつつあります。私がGDPRを『21世紀の人権宣言』と呼ぶのは、こうした決定がもたらす人権リスクに、世界に先駆けて対処しようとする初めての規制だからです。先の世界大戦で、ヨーロッパではナチスが収集した個人データをユダヤ人の選別に利用したという負の歴史があります。ナチスがユダヤ人を選別する際、IBMのパンチタグが利用され、ホロコーストの悲劇へとつながりました。そうした歴史的な経緯から、個人データの利用が人間の尊厳に直結するという文化がＥＵにはあり、それが21世紀の人権宣言を導いたと考えられます」

　エドウィン・ブラックの大著『ＩＢＭとホロコースト――ナチスと手を結んだ大企業』（柏書房、２００１年）には、個人データの管理がいかにホロコーストにつながったかが詳細に書かれている。国民の種別を素早く正確に把握することを可能にしたのは、ナチスと契約を結んだＩＢＭの技術だった。ＩＢＭはパンチカードを使った国勢調査を考案。60列×10項目のパンチカードを作り、宗教、人種、職業などが特定されていった。ユダヤ人が発見されると、住居や出身国などのより詳細なデータが採取された。ナチスにとってこうした調査は、徴兵できる男性を見つけ出す手段であるとともに、殲滅《せんめつ》するユダヤ人を見つけ出す手段となったのである。

　収容所に送られてからも、ユダヤ人たちはパンチカードとそれを割り振る選別機によって管理された。国籍や生年月日、既婚未婚の別、子供の数、収監理由、身体的特徴、職業上の技能といった情報が、それぞれの列に開けた穴で記されていた。例えば穴３は同性愛者、穴12はジプシー、穴８がユダヤ人というように。「対処理由」という項目では、自然死はコード３、処刑はコード４、自殺はコード５であった。ガス室、絞首、銃殺などの集団処刑はコード６の特別処置と表示された。

このように、ホロコーストは個人データの掌握を可能にした企業の存在と、それを国家が統治に利用したことから始まっているのだが、いま巨大テック企業はいつの間にか、ナチスが把握していた以上の膨大な個人情報をすでに把握している。場合によっては単なる属性だけでなく、分単位の行動記録や過去の発言などもデータとして記録されていることさえある。そうした事態に歯止めをかけようというのがＧＤＰＲなのである。

ＧＤＰＲの制定より前に、ＥＵの憲法にあたる欧州連合基本権憲章において、データ保護の権利は基本的人権であると明確に位置づけられている。ＧＤＰＲでもデータ保護を基本的人権として宣言し、そこで基本権憲章を引用している。「ＧＤＰＲというのは、日本でイメージされているような、単なるデータ保護法ではない。それは、憲法的地位（constitutional status）を持っていると言われている」と山本教授は指摘する。

個人運動から始まったカリフォルニア州の対策

ＧＤＰＲのような取り組みは世界にも広がりつつある。その動きを追ってみよう。

シリコンバレーがあるアメリカ・カリフォルニア州では、２０２０年から「カリフォルニア州消費者プライバシー法（ＣＣＰＡ）」が施行される。カリフォルニア州民の個人情報を収集している企業、もしくは州内に事業拠点がなくても州民の個人情報を収集している企業で、次の要件に一つでも該当すれば規制の対象となる。

① 年間総収入が２５００万ドル以上であること
② ５万人以上のカリフォルニア州民の個人情報を扱っていること
③ カリフォルニア州民の情報の売却益で、年間の収入の５割を得ていること

ＧＤＰＲとの違いは、保護すべきデータを「個人を特定する情報」とするＧＤＰＲに対して、ＣＣＰＡは個人だけでなく世帯を特定する情報も含まれる点にある。例えば実名、仮名、電話番号、ＩＰアドレス、メールアドレス、口座、社会保障番号、運転免許証、パスポート、商品・サービスの購入履歴に加えて、ＤＮＡなどの身体的・生体的特徴を含む生体情報、ウェブサイトの閲覧・検索履歴、位置情報データなどが対象となる個人データだ。

消費者であるカリフォルニア州民には５つの権利が付与される。企業が収集した個人情報やその運用について開示請求できる権利。消費者から収集した過去12か月間のデータのコピーを受け取る権利。本人の個人データを削除してもらう権利。個人データを第三者に売却しないよう求める権利。そして、ＣＣＰＡの権利を行使しても差別されない権利である。

ＧＤＰＲとの２つ目の違いは、当該企業のサービスを受けていない消費者であっても情報開示請求ができる点だ。企業はこうした消費者が求める権利を実行する方法を明示し、プライバシーポリシーを更新しなければならない。違反すれば最大２５００万ドル（故意だと判断されれば７５００万ドル）の罰金を科される可能性がある。

ＣＣＰＡのきっかけとなったのは、州内の不動産業者であるアラスター・マクタガート氏が始めた住民立法の運動だ。グーグルで働くエンジニアの友人とのちょっとした会話の中で、「グーグルは個人のことを何でも知っている」ことを聞いた彼は恐怖を感じたという。そこからマクタガート氏は知識を深め、３００万ドルの私財を投じて運動を展開した。

当時、ちょうどＣＡ事件が発覚したことで、集まった署名の数は60万人を超えた。これが圧力となり、２０１８年６月、州議会で住民立法に代わる法案が可決されたのである。

ＮＹ州など10を超える州でもＣＣＰＡと同様の州法策定の動きが広がった。こうしたデータをめぐる個人の運動の展開に、日本との意識の差を感じずにはいられない。

ジェフ・ベゾス氏がＣＥＯを務めるアマゾンなど全米の50社は、データの保護規制について賛同しつつも、州の法律を乱立させるのではなく、連邦で統一した法律にすべきだと訴えている。しかしマクタガート氏によれば、連邦議会はロビー活動や機能不全な政党によってマヒ状態にあり、ＣＡ事件が起きた後でさえ、データを保護するための法律を何も作ることができていないと指摘する。

こうした法律の背景にあるのは、やはり個人データの所有に対する個人の意識の高まりだろう。これまで無料と思われていた検索サービスやＳＮＳは、個人データという対価を払って利用できている。個人データという価値を支払うことによってサービスを受ける消費者は、企業と交換関係を結ばざるを得ないのだ。そうした、サービスを利用するうえでの前提の認識が高まってきたわけである。

データ保護の流れに対応が遅れる日本企業

こうした動きの中で、日本企業はＧＤＰＲの対策にどの程度乗り出しているのだろうか。

日本経済新聞による主要企業１００社を対象にした調査によれば、ＧＤＰＲの施行からおよそ1年が経った２０１９年5月の時点で、欧州に顧客を持つ企業などの91社が「ＧＤＰＲに対応が必要」だと回答している。そのうち「対策が一部残っている」か「多く残っている」と答えた企業は、全体の45%にあたる41社にのぼった。米国では主要約３００社のうち約82%が「２０１８年末までに対応済み」と回答していることを考えれば、その差は歴然である。グーグルやフェイスブックなどの巨大テック企業も順守を約束しており、日本企業との対応の差は明らかだ。

なぜ日本企業の対策は遅れているのか。ＧＤＰＲが採択された２０１６年から企業の相談に応じてきたＥＹアドバイザー・アンド・コンサルティングで個人情報の分野を担当する公認会計士の梅澤泉氏に話を聞いた。

梅澤氏のところに相談に来る企業には2つのタイプがあるという。一つは全く未対応の企業、もう一つは一通りやることはやったが抜けがないかチェックしてほしいという企業である。

梅澤氏は、その両方に共通する日本特有の課題を指摘する。それは「情報の使われ方が明示されていないケースが多い」という点だ。日本企業内でＧＤＰＲ対策の最も大きなハードルとなっているのが、個人が意図しない目的や流通経路からのデータ利用を適切に保護する姿勢が不足しているのである。

「ＧＤＰＲの対応を行っていくうえで、日本企業が制裁を科されるリスクがあるのは、個人データの使われ方や対応が明示されていないことです。ＧＤＰＲではいちいち利用者から同意をとらなければなりません。データポータビリティの権利やプロファイリングに異議をとなえる権利もあって、自動化されたＡＩの判断結果をそのまま適用することに対して、消費者は異議をとなえることができるのです。

　こうした消費者を保護する権利保護の処置は、情報流出などを防ぐセキュリティ対策重視だった日本企業にはいままであまり存在しなかった文化でした。なぜかというと、そもそも個人情報保護法規定の中で、そういう取り決めが限定的なものにとどまっているからです。だからこそＧＤＰＲに対応しようとした時にハードルを高く感じてしまうわけです」

「データは個人のもの」という文化の欠如。こうした対応は、企業にとっては意識だけの問題ではない。必要のなくなったデータがいつでも削除できる形で保存されているかといった、システム上の改修も必要になってくる。

企業の言い訳に使われるプライバシーポリシー

序章で触れたリクナビ事件は、個人データの取り扱われ方に対する多くの日本人の考えの甘さを突きつけた象徴的な事件だった。政府の個人情報保護委員会は、リクルートキャリアが学生に無断で「内定辞退率」の予測を売ったのは個人情報保護法に違反すると認定し、是正勧告を出している。しかし違法と認定されたのは、「内定辞退率」を販売された就活生約7万5000人のうち約8000人のケースに過ぎない。リクナビ側がユーザーに会員登録をさせる際に、プライバシーポリシーで「採用活動の補助のために利用企業に情報提供をすることがある」と明記していたからである。ほとんどの学生がこの規約の説明で「内定辞退率」の算出や販売に同意したとされたのだ。違法になったのは、こうした形式的な同意さえとっていなかったケースにすぎない。

プライバシーポリシーとは何なのか。日本広報協会によれば、「個人情報についてその収集や活用、管理、保護などに関する取扱いの方針を明文化したもの」のことを言う。しかしこれは個人を守るためではなく、企業の言い訳に使われていると先述の山本教授は厳しく指摘する。

「よく言及される例はアメリカで行われた実験です。その実験では、サービスを利用する前に読むプライバシーポリシーの中に『あなたの子どもを誘拐します』と明記しました。しかし多くの人はそれに気づかず同意してしまった。この実験は、人がどれだけプライバシーポリシーを読んでいないかを表しています。結局プライバシーポリシーは利用者の自己決定のための情報提供というよりも、企業の免責のための文書になっているわけです。ですから、まずはプライバシーポリシーの意義や目的を再確認することが重要です。

また、フェアネスの視点も必要です。『同意しないのなら使わせません』というルールがあっても、（事業者と利用者との）交渉力の差が覆い隠されています。企業と利用者が同じ立場に立ってはじめて、『同意する・しない』といった、自由な意思決定ができます」

リクナビ事件は、当事者にとっては自分の将来がＡＩによって左右されていたかもしれないという衝撃を与えた。だがもう一つ明らかになったのは、ＡＩの学習データとなる私たちの個人データを守るすべが、日本にはほとんどないということである。

日本の個人データ保護はどうなっているのか

日本の選挙でも巨大テック企業のプラットフォームを利用したＰＲ戦略を各政党が展開している。だからこそ、あらためていま、個人データがどう使われているのかを考えるべき時なのではないだろうか。『メディアと自民党』（角川新書、２０１５）などの著書がある東京工業大学准教授の西田亮介氏によれば、日本では２０１３年のネット選挙解禁時から、自民党を中心にソーシャルメディアが使われ始めたという。この年の参院選では自民党がネット選挙分析チーム「トゥルース・チーム」を立ち上げ、ソーシャルメディアでの情報収集や情報発信を繰り返していた。また２０１９年には、選挙キャンペーンではないが、「＃自民党２０１９」というプロジェクトを展開し、ソーシャルメディアの利用によって「政治のイメージ戦略」が行われていると西田氏は指摘する。また序章で述べたように、国民投票法にはインターネット上の活動に制限がない。ソーシャルメディアが政治のキャンペーンの主戦場になればなるほど、他国からの干渉も受けやすくなる。

　それでは、日本はＡＩや個人データの支配から、民主主義をどう守っていこうとしているのだろうか。いま日本で始まっているデータの規制に関する議論は、個人データを巨大テック企業に独占されている状態で市場の競争をどう確保するかという視点からの議論が先行していると山本教授は指摘する。「個人のデータを守る」という考えは、そこに付随する形にとどまってしまっているという。

　現在日本の議論をリードしているのは、首相官邸が主導するデジタル市場競争会議である。この組織が主導しながら、各省庁との間で２０２０年の個人情報保護法の改正や、プラットフォーマーと取引する中小企業を守るための「デジタル・プラットフォーマー取引透明化法案」、公正取引委員会の独占禁止法の適用範囲の拡大、デジタル課税などが議論されている。

ここからは、現在日本で議論されていることを見ていくうえで、まずインターネット上のウェブサイトの閲覧履歴をシステム上に記録する「クッキー情報」の考え方を示し、産業界に衝撃を与えた独占禁止法、そして２０２０年の国会で提出される予定の「取引透明化法」、改正個人情報保護法について触れたい。

企業が優位な状況を打開する

２０１９年8月、公正取引委員会は、「デジタル・プラットフォーマーと個人情報等を提供する消費者との取引における優越的地位の濫用に関する独占禁止法上の考え方（案）」（以下、「考え方」）というガイドラインを公表した。この中で、独占禁止法が禁じる「優越的地位の認定」について、プラットフォーマーと利用者の関係においてはじめて一定の考え方を示している。「消費者がデジタル・プラットフォーマーから不利益な取扱いを受けても、消費者がサービスを利用するためにはこれを受け入れざるを得ないような場合は、当該デジタル・プラットフォーマーは消費者に対して優越した地位にあると認定」するという。

さらに産業界に衝撃を与えたのはその2か月後である。公正取引委員会はクッキー情報を企業が本人の同意なく利用するなどした場合は、規制の対象になり得るという認識を示したのだ。「考え方」を示した中で、個人情報「等」となっているところに、クッキー情報などを含めたというわけである。

これまでクッキー情報は、単独では個人を特定できないため、個人情報保護法の対象にはなっておらず、手つかずの状態だった。だが、当然のことながら他の情報と結びつければ個人を特定し、追跡することも可能である。リクナビ事件でも内定辞退率の算出にクッキー情報が使われていた。

こうした規制の背景には何があるのか。公正取引委員会の杉本和行委員長は、２０１９年9月18日に日本記者クラブで1時間半にわたって語っている。その説明によれば、プラットフォーム企業は「製造業と違って原価コストがない」ため、「市場支配力が極めて強い企業が相対的に実現しやすい」という。独占・寡占が進み、市場の新規参入を阻んでいるというのだ。ドイツでは連邦カルテル庁が、フェイスブックが無制限に個人データを収集していることに対して支配的地位に関する違法行為と認定したケースを例に挙げながら、日本での対策の必要性を訴えた。

したがって、市場の競争を促進するためには、個人が自由にデータを移動することができるデータポータビリティが確保される必要がある。これまで独占禁止法は、企業同士の取引に適用され、主として価格などに注目が置かれてきた。しかし「これからは、情報の価値に注目しなければならない」という。「従来、無料サービスは独占禁止法の適用外と考えられてきたが、取引の競争政策としても情報自体のクオリティーに着目すべき」というわけである。

こうした考えに対し、経団連の中西宏明会長は、「データをどのように活用するかの議論を抜きに、独占禁止法の『優越的地位の濫用』の観点だけで規制することは困難ではないか。世界に先駆けて日本だけ規制を強化すれば、イノベーションの阻害要因になる恐れがある。個人情報の保護と個人情報の有効活用とのバランスのとれた制度設計が求められる」と反発している。

個人データをどう守るかという視点ではなく、競争の観点で進む議論に対して山本教授は、ＥＵとは「真逆の発想」だとしつつも、日本においては必要な議論だと指摘する。

「これはEUでの考え方からすると逆です。EUでは、データポータビリティは基本的人権として人格権に位置づけられています。一方で日本はリクナビ問題と同じような問題を抱えていて、基本はビジネスベースの視点で、個人を守る視点がどこかにいってしまう。ただ一つ言えるのは、公正取引委員会の役割も重要で、うまく論点をずらして、規制議論を受け入れやすくさせる面はあると思います。先方部隊として議論を刺激している。社会のコンセンサスを見ながら、その後経産省、総務省や個人情報保護委員会が乗っかっていく。それは無意味ではありません。そこで切り拓いた後に、どう対応していくかが大事なのです」

個人情報の価値と権利

デジタル市場競争本部が打ち出した「デジタル・プラットフォーマー取引透明化法案」は、巨大テック企業に出品する中小企業や個人事業主などの出店事業者が、テック企業から不当な扱いを受けることのないようにするための法案である。この法案が可決されれば、そのサイト内の商品の表示順がどのような基準で決められているのか、情報開示が義務づけられることになる。また、巨大テック企業が出店事業者との取引を拒否した場合、その理由の開示を求めることができるようになる。こうした取り決めは、ビジネス上の公平性を確保することを念頭に置いていることから設けられたのだろう。

２０１９年11月12日、政府はＧＡＦＡの４社から法案についての意見を聴取した。透明化については各社賛同を示したが、取引企業の取引を拒否した場合に「拒否の理由」を示すことについては、ヨーロッパにはそうした規定はないとして反発を示している。

一方の個人情報保護法の改正案は２０２０年に提出される予定である。現在示されている案では、個人が望まないデータ利用の停止を企業に要請できる「データ利用停止権」が盛り込まれており、もしも企業が個人データを漏洩した場合、個人情報保護委員会に報告する義務も付与されている。また、ＡＩを利用したデータ分析にも透明性を求めており、企業はＡＩの処理方法を公開しなければならない。さらにクッキー情報について、第三者に提供すると利用者が特定される場合には、利用者の同意を取ることが義務づけられる方針を示した。匿名化されれば利用停止権の行使対象外になることも明記される見込みだが、データを使われた個人はどのようにしてその事実を知ることができるのだろうか。企業の実効性をどう担保するかが課題となるだろう。前出の梅澤氏は、企業の倫理観を高める空気の醸成が欠かせないと語る。

「取り扱う情報が、法解釈上の個人情報に該当するのかしないのかという不毛な議論に時間を費やすことはやめるべきでしょう。自分が当事者だったとしたら、その情報が企業に自由自在に利用されることが嫌かどうかという観点で考えるべきで、嫌だったらきちんと誠実に対応しましょうと申し上げています。もう一つは、データは必要最小限に保有するという考え方に切り替えて、いらなくなったものはちゃんと廃棄して消去しようということです。これができていないと、ＥＵでは制裁金の金額が高くなっています。日本企業でも透明性の確保とデータの最小化を認識し、棚卸しをして洗い出す必要があります」

企業の対応について語った後、梅澤氏は私たち個人がしなければならないことを指摘した。

「もう一つ大事なことは、個人データの価値を自分でしっかりと認識しているかです。それは結局、自己責任に帰ってきます。価値と権利について、消費者の認識を高めていく。そのうえで、情報の提供をしていく必要があります」

個人データを差し出すことで私たちは便利になっている。しかし、そのことで生じる新しいリスクを自覚する必要があるだろう。

「知る権利」をどう確保するか

ちなみに、取引透明化法案や公正取引委員会の「優越的地位の乱用」の適用の考え方に対して、日本新聞協会は「歓迎」の意を表明している（２０１９年10月31日「巨大プラットフォームに対する見解」）。巨大テック企業が情報の経路を独占しつつある中で、市民の「知る権利」をどのように確保するのか、模索が続いている。

実はＥＵのヨーロッパ議会では、ＧＤＰＲ施行後の２０１９年4月、各国に法改正を要請する著作権指令の改正が可決された。注目されたのは、いわゆる〝リンク税〟（15条）と〝コンテンツフィルター税〟（17条　ユーチューブ条項とも呼ばれる）である。リンク税は、グーグルのような検索サイトがニュースを配信する際、新聞社などの報道メディアが対価を得られることを定めている。またフィルター税はユーチューブやインスタグラムなどの共有サイトにおける著作権侵害コンテンツの排除と著作権者に対しての報酬を規定している。こうした議論はこれまでにもあり、スペインでは２０１４年に同様の規定を作ったところ、グーグルニュースが撤退し、10%以上もアクセスを減らしたニュースサイトもあったという。

一国で行っても効果が薄いところを、今回はＥＵ全体が対象になった。早速フランスでは２０１９年11月20日、メディア関連の組合がグーグルを競争監視機関の競争委員会に訴えている。フランスでは２０１９年10月24日に改正著作権法が施行され、報道機関のニュースを表示するＩＴ企業に対価を支払うように定めたことに基づいたものだ。ＥＵの著作権指令では２０２１年６月までに各国に法整備を求めており、今後もこうした事例は増えていくだろう。

ＡＩによる世論操作から逃れられるかは、質の高い情報がいかに確保されるかにかかっている。フェイクニュースを排除するだけではなく、質の高いジャーナリズムを守っていくことも、また必要な議論なのである。

個人データを守る——情報銀行の取り組み

こうした中で、少し違った角度から個人データを守る取り組みがある。検討委員として山本教授自らも議論に参加しているのが、総務省と経済産業省が進める「情報銀行」だ。

情報銀行とは、個人データを一か所に預け、その利用の仕方を一任するやり方である。プライバシーポリシーで非常に細かい情報のやりとりまで同意をとる仕組みの場合、利用者の「同意疲れ」が出てしまいあまり合理的ではない。だからこそ、本人の意思を汲んで個人データの保護とデータ利用によるメリットを同時に得られるようにするというのが情報銀行の考え方なのである。山本教授はこう語る。

「すべての情報の流れを本人が決定することは現実的ではありません。情報に関する決定を、大きな決定と小さな決定という二つの路線に分けた方がよいという考え方もある。日常的な情報のやりとりに関する小さな決定は、信頼できる誰かに任せる。他方で、誰に小さな決定を行わせるかを決めるという大きな決定はあくまでも本人が行う。そうした多元的なコントロールが必要になってくるわけです」

情報銀行に預けられたデータは、個人の同意を得たうえで企業に販売し、企業はそのデータを使ったサービスを考える。いわば情報の仲介業者である。

例えば三菱UFJ信託銀行が2018年8月から始めている実験では、社外も含めた対象者1000人に専用のアプリをダウンロードさせ、センサーを内蔵した専用の靴で歩いたデータを履歴として記録される仕組みを構築した。そのデータは単に位置情報や移動距離だけでなく、足をどうついてどう上げたかという歩き方の特徴まで記録されている。その中で、個人が預けてもいいというデータを選択できるようになっていることで、フィットネスクラブがこの個人データを使って、ユーザーに合った理想的なプランが提供されたり、１週間分のデータの利用料として５００円のクーポン券がもらえたりといったように、データ提供の程度に応じてサービスを受けられるようになっている。つまるところ個人はデータ提供と引き換えに、様々な選択肢の提示が受けられるメリットを有するのである。

クッキー情報のような個人データはグーグルやフェイスブックによって収集されているが、ユーザーからすればそのデータはサービスの改善に使用されていることくらいしかわからない。確かに検索がしやすくなったり、気が合いそうな人との出会いなどを提供したりしてくれてはいるが、自分にとって不要な情報や、政治的意見を受け入れやすそうな人を政治団体が探し出すツールにも使われる恐れは十分にある。情報銀行の考え方は、消費者自らが個人データの使われ方を知り、それによる対価を得られるような設計が必要だという問題意識から生まれている。

総務省と経産省は、「情報信託機能の認定スキームの在り方に関する検討会」を作り、国の指針をまとめている。この検討会には情報工学や法律の専門家がいる一方で、銀行や広告会社のメンバーも名を連ねている。

国の指針では、「情報銀行」は個人データの提供先やその判断理由について、ユーザーに対して明示することが求められている。また、提供をやめる際の「同意の撤回」についても可能だ。もしデータ提供した個人に損害が発生した場合には、情報銀行が個人に対して損害賠償を負うことになっている。

一方、個人データを一か所に集めることによる情報漏洩の危険性も指摘されている。山本教授に情報銀行のメリット・デメリットを聞いた。

「情報銀行を否定的に捉えれば、個人データの利用に関する包括同意をとって、後は〝良きにはからえ〟でデータを利用する仕組みです。一歩間違うと、企業による情報搾取にお墨つきを与える構造を作ってしまう危険があります。他方で、情報銀行をうまく設計すれば、本人利益のための情報の利用を可能にしたり、本人の自己決定を支援できたりするものになる。実際に私が入っている検討会でも、いかに利益をあげるかというビジネスサイドの考え方と、個人のデータや権利をどう守るかという考え方があり、難しい調整が求められることがあります」

結局、無料でデータを預ける形になると、個人データ保護の視点ではなく、企業の利益優先の考え方になってしまうことを山本教授は懸念する。だからこそ個人データの保護に対して企業のインセンティブを高めるには、そのための対価を払う必要があるのだ。

「私自身は、手数料をとってきちんと本人からお金をとるほうがいいと思っています。本当に自分のために情報を使ってくれるならば、ある程度のお金を払う人もいるのではないでしょうか。おそらく手数料制度の成立のためには、データを保護し有益に使うことにはお金がかかるという点について、ユーザー側の意識も高めていかなければなりません」

個人データの保護が民間企業にゆだねられている以上、経済的な視点は欠かせない。データ保護は企業によるサービスなのである。その点に、憲法に基本権としてデータ保護が定められたEUとの差を感じざるを得ない。

データ保護は憲法改正議論になり得るか

ここまで見てきたように、日本で進むデータの保護を巡る対策の目的は、個人データの市場を健全化し、競争を促進することにある。個人データの保護を主眼にした議論は遅れていると言わざるを得ない。

ただしGDPRの開始によって、日本の意識も明らかに変わってきていることも事実だ。山本教授は、とくに日本がGDPRの対象国からデータを持ち出していいかどうかを決める十分性認定の話し合いをEUと進めていく過程で、日本政府や日本企業の意識は変わってきたと指摘する。

日本の憲法をデータ保護と結びつけて解釈できないこともない。ただし、プライバシー権が争われた裁判でも、個人データの定義を踏み込んで解釈するものはまだ存在しないのが現実だという。

「これまで住基ネットやマイナンバーの違憲性が争われましたが、裁判所は古典的なプライバシーの枠組みでしか議論していません。ドイツの憲法裁判所は１９８０年代に、憲法に規定される一般的な人格権から情報自己決定権というものを引き出しています。日本でも同様の権利を憲法から解釈上引き出すことは可能だと思いますが、日本の最高裁判所は消極的です。最高裁の方向性が不透明な中で、私自身は憲法改正の問題として、正面からデータ基本権を議論すべきだと思っています」

山本教授は個人データの保護を憲法改正議論の中に位置づけるべきだという理由を、こう語った。

「日本に足りないのは、個人データ保護の憲法的な位置づけです。ヨーロッパで積極的な動きがあるのは、データ保護を基本的人権として位置づけているからです。ともすれば、個人はブラックボックス化したＡＩネットワークシステムに組み込まれ、私たちの主体性や自律性は失われます。ＡＩにデータを提供するための単なる客体になりかねない。データへの権利を基本的人権として明確に保障することが、ＡＩ社会を適切なかたちで前進させるための前提条件になるのです」

実際、憲法論議の機運はどこまで高まっているのだろうか。山本教授が注目するのが、日本青年会議所の活動だ。２０１９年10月、日本青年会議所はＡＩを憲法改正問題の一つとして扱うよう、自民党の石破茂議員と立憲民主党の山尾志桜里議員に提言を渡した。その提言書には「憲法審査会において、護憲派改憲派に捉われない『ＡＩと人権』という新しい切り口をテーマとした議論を行って頂きたく提言致します」と書かれている。果たして憲法審査会でＡＩの問題は取り扱われるのだろうか。いずれにしても、リクナビ事件に象徴されるような、個人データを解析したものが不当に売買される事件や、個人データから個人をスコアづけする信用スコアなど、日本のいまの法制度が対応できていないことは明らかである。

民主主義に新たなルールを

日本で今後起こり得る国民投票の懸念、そして、ＡＩの支配から民主主義を守るにはどうすればいいのか、最後に山本教授の考えを聞いた。

「国民投票法は、国民投票運動は通常の選挙運動よりも自由でなければならないという発想で作られている。しかし国民投票運動はできるかぎり自由にさせるべきなのか、公正さを担保するために一定の規律が必要なのかは、慎重に検討されるべき問題です。憲法改正の国民投票は、国民が熟慮し、考え抜いたうえで決断していくものだと考えるならば、投票に際しての政治広告や個人データの扱いについて一定の規律が必要とも考えられます」

規制を求める声がある一方で、いくらデータ解析してターゲティング広告を送っても、民主主義においては最後に選択するのは生身の個人だという意見はある。私たちは自由意志をどれだけ疑えばよいのだろうか。民主主義という仕組みの中で議論を続けるとすると、どのような前提がなければならないのだろうか。

山本教授は言論空間のデザインに着目する。

「キャス・サンスティーンというアメリカの著名な憲法学者が、民主主義が成立する二つの条件をあげています。一つは、個人が自らと異なる『他者』の見解にさらされていること。要するに他者の意見に耳を傾けるということです。もう一つは、コミュニティの集合的な共有体験を持つこと。この二つの条件がそろってはじめて、民主主義が可能になると指摘しています。

国家というのは、様々な考えを持った人々が集まって構成されています。こうした環境の中で他者の見解に触れたり共有体験を持つことを、制度的にどう担保していくのか。特にフィルターバブル化が進む状況の中で、民主主義の条件を満たすことがいかにして可能なのかがいま問われています。これは日本に限らず、世界規模の課題です。理想的な言論空間とは何かを考え、そのイメージをどのようにアーキテクチャに落とし込んでいくかは、間違いなくこの先100年、200年の課題になります。私たちはそのスタートラインに立っているのです」

そう言って山本教授は一つの参考事例をあげてくれた。それは「セレンディピティ・ボタン」という考え方だ。

「プロファイリングによって私たちは、嫌が応にもフィルターバブルの中に閉じ込められています。そこで、プロファイリングを解除するボタンが必要だという議論があります。セレンディピティ・ボタンとは、そのプロファイリングを解除する仕組みです。ボタンを押すかどうかは本人次第ですが、それを押すことでいままで見たことない情報が飛び込んでくることは、本人にとってもエキサイティングなものになるかもしれません。マンネリ化した情報の連鎖が断ち切られ、いままで聞いたこともないような意見が飛び込んでくる。

偶然的な出会いのことを英語で『セレンディピティ』と言いますが、『セレンディピティ・ボタン』とはこのボタンが偶然的な出会いを可能にするという意味で呼ばれているわけです。もちろん、プロファイリングが解けた世界もまた、アルゴリズムによって人為的に構築された世界ではありますが、セレンディピティ・ボタンがあることで、フィルターバブルを冷静かつ相対的に見られる状況は作り出せます」

セレンディピティとは、イギリスの小説家ホレース・ウォルポールが『セレンディップの3人の王子たち』という寓《ぐう》話《わ》を読んで生み出した造語である。物語は、王子たちが旅先で、自分たちが知ろうともしていなかったことに偶然気づき、自分たちにとって有益なことを発見していく物語だ。

想定もしていないことに出会えるボタンがもしウェブ上に設置されたら、あなたは押すだろうか。そのボタンを押した後に起こることは、必ずしも居心地の良いものではないかもしれない。だが、未知のものに出会い、それまでの価値観が打ち砕かれ、その先に世界が開かれたような感覚を抱いたことのある人は少なくないはずだ。新たな情報や出会い、経験は、それまでの狭い世界をこじ開けてくれる。民主主義は、ともすれば前進しているのかどうかわからない議論も多く、時に後退することさえある。しかし本来、それぞれの立場を超えて、自分たちのコミュニティにとって何が最善かを話し合う仕組みなのは間違いないだろう。

もし私たちが過去と同じ選択をするだけで幸せになれるのならば、人間にとって民主主義は必要ない。ＡＩが作り出す過去の統計に従ったプロファイリングや、それによって生み出されるフィルターバブルは、民主主義の阻害に十分なり得る。それでもいま私たちには、そうした世論操作を相対化して捉え、判断する能力が必要とされているのだ。だからこそ、そのための制度や仕組みは欠かせない。そして、それを使いこなす能力も鍛えなければならないのである。

あとがき

この10年でソーシャルメディアに向けられる視線は大きく変化した。私はこの原稿をイギリスで執筆している。激変するメディアを取り巻く環境を研究しようと、取材現場からいったん離れて留学しているためだ。現場を離れて俯瞰すると、その変化をつくづく実感する。

ほんの10年ほど前まで、ＳＮＳは民主主義を後押しする存在としてポジティブなイメージに包まれていた。２０１１年、私は「アラブの春」と呼ばれる中東の動乱を取材していた。エジプトやチュニジアといった現場では、独裁政権の圧政で抑圧されてきたアラブ諸国の市民がＳＮＳを武器に立ち上がるのを、日々目の当たりにした。

発端となった北アフリカのチュニジアで23年間続いたベンアリ政権を倒したのは、燎原《りょうげん》の火のように広がった抗議デモだった。厳しい検閲と情報統制が敷かれる独裁国家では、こうした政府への抗議デモが報道されることは一切なかった。そんな中、抗議デモの情報の流通を可能にし、人々を結束させたのは、フェイスブックをはじめとするソーシャルメディアだった。人々は各地で起きるデモの動画を拡散し、情報を交換し、お互いを勇気づけながら、大きなうねりに変えていった。

政府に都合の悪い事実が報道されない独裁国家では、ソーシャルメディアは唯一信頼できる情報源だったのだ。スマートフォンが高級品とされていた当時のチュニジアで、人々が旧世代の携帯電話の小さなディスプレイでフェイスブックの書き込みを食い入るように見ていた光景は、いまでも私の脳裏に焼きついている。

独裁政権崩壊直後の首都チュニスでは、中心部のアパートの真っ白な壁に〝Merci Facebook（ありがとう、フェイスブック）〟と黒いスプレー書きがされていた。高さ50センチ、幅5メートルほどにわたって書かれたこの〝落書き〟は、平時なら眉をひそめる人も少なくないだろうが、多くの市民が立ち止まって見るなど好意的に感じているように見えた。私自身、テクノロジーが民主主義にもたらす影響力に胸を躍らせていた。

それから10年も経たないうちに、ソーシャルメディアは光よりも影の部分がクローズアップされるようになった。デマやフェイクニュースを拡散させ、社会の分断を誘発し、関心のある情報や似たような考えにしか触れられなくなるフィルターバブルやエコーチェンバーを生み出す存在として。そして本書で繰り返し指摘してきたように、ソーシャルメディア上で収集される大量のデータは私たちの政治志向を分析し、個々人の考えにつけ込むかのような広告やプロパガンダを狙い撃ちして送りつけるのに使われている。さらに、ソーシャルメディアは海外からの選挙干渉すら招いていると糾弾されている。

　これらの要素が結果的に民主主義の根幹をなす投票行動に影響を与え、選挙結果を歪める元凶になりかねないと批判されているわけだ。いずれも２０１６年に起きたイギリスのＥＵ離脱を決めた国民投票とトランプ大統領を生み出したアメリカ大統領選挙はＳＮＳの影の部分を浮き彫りにしたと言っても過言ではない。

　ここイギリスで２０１９年12月に行われた総選挙では、本書で紹介したディープフェイク、本物そっくりの偽動画が話題となった。ボリス・ジョンソン首相が「分断を乗り越えるため」として対立する野党労働党への投票を呼びかける発言をして、逆に野党党首が与党保守党への投票を呼びかけるディープフェイクが大量に拡散したのだ。ソーシャルメディア、データ、アルゴリズム、ＡＩといった技術は日々洗練され、選挙のたびに新しい技術が投入されている。ソーシャルメディアは投票行動への影響を及ぼすばかりか、一部の国では国民を監視するツールとしても利用されている。

いまのソーシャルメディアにかつてのような心躍る輝きはない。何らかの規制が必要だという議論は日増しに強くなっている。本丸とも言えるフェイスブックのザッカーバーグＣＥＯは数回にわたってアメリカ議会の公聴会に呼ばれ、２０１９年10月には結果的に誤った情報の拡散に加担しているのではないかと厳しく責任を追及された。

ソーシャルメディアなどを通じて収集されたデータが私たちの利益に反する形で利用されるのを止めることは簡単ではない。そしてインターネット上の政治広告に投入される資金は増加の一途をたどっている。有権者の政治志向を分析し、マイクロターゲティングを使う手法は強化されこそすれ、鈍化することはないだろう。情報の発信・供給側を制御することは困難になる一方だ。

それでは私たちは、この新しい世界にどう向き合っていけばいいのだろうか。供給側のコントロールが簡単でないのであれば、現実的なのは、情報の受け手のリテラシーを上げることだ。何が政治広告やプロパガンダなのか。なぜ自分のソーシャルメディアのタイムラインに特定の政治メッセージが届いているのか。何が〝フェイクニュース〟で何が事実なのか。見極めるのは私たち受け手の側にほかならない。

ソーシャルメディア、データ、アルゴリズム、ＡＩの時代に民主主義は損なわれるのか。

それは私たち市民一人ひとりがネット上で何が起きているのかを理解し、情報の真贋を見抜くスキルにかかっている。本書がその一助になればと切に願う。

　本書は、早くからこの問題に目をつけ、民主主義への危機だとして粘り強い取材を続けた報道局社会番組部の藤原和樹ディレクターと、テクノロジーに精通し、ソーシャルメディア上で自在に情報を入手してくる報道局国際部の濱本こずえ記者の取材からなっている。そしてこの壮大なテーマの取材の方向性を定めるにあたっては、報道局国際部の鴨志田郷デスク、大型企画センターの櫻井義久チーフ・プロデューサー（肩書きはいずれも当時）が羅針盤の役割を果たしてくれた。私は記者およびデスクの立ち場でチームの一員に関われたことを誇らしく思う。取材成果はクローズアップ現代＋「知られざるトランプ流ＳＮＳ戦略」として２０１８年11月に放送された。執筆にあたっては、番組取材に加えて最新情報を大幅に追加取材した。編集を担当したＮＨＫ出版の田中遼氏は、締切を守れず出版計画を後ろ倒しし続ける我々に、愛想を尽かすことなく励まし続けてくれた。ここに深い感謝の意を記したい。

ＮＨＫ報道局国際部記者　辻　浩平

【参考文献・資料】

[序章]

・ＮＨＫニュース　２０１９年12月19日「トランプ大統領　弾劾訴追　米世論と専門家はこう見る」
https://www3.nhk.or.jp/news/html/20191219/k10012220221000.html?utm_int=nsearch_contents_search-items_007

・The Guardian 2020/1/4「Fresh Cambridge Analytica leak shows global manipulation is out of control'」
https://www.theguardian.com/uk-news/2020/jan/04/cambridge-analytica-data-leak-global-election-manipulation

・朝日新聞朝刊　２０１９年11月29日「国民投票法案、平行線　自民まずは採決、野党ＣＭ規制を衆院憲法審」

・電通　電通報　２０１９年2月28日「２０１８年 日本の広告費」解説——日本の広告市場は前年比１０２・2%、7年連続のプラス成長」
https://dentsu-ho.com/articles/6500

・本間龍『メディアに操作される憲法改正国民投票』（岩波書店、２０１７）

・Special Counsel Robert S. Mueller (2019)「Report On The Investigation Into Russian

Interference In The 2016 Presidential Election」
https://www.justice.gov/storage/report.pdf

［第１章］

- New York Times 2019/10/17「Tech Companies Are Destroying Democracy and the Free Press」
https://www.nytimes.com/2019/10/17/opinion/tech-monopoly-democracy-journalism.html
- 日本新聞協会　２０１９年10月「新聞の発行部数と世帯数の推移」
https://www.pressnet.or.jp/data/circulation/circulation01.php
- *Science* 2018/3/9 Vol. 359 Soroush Vosoughi, Deb Roy, and Sinan Aral「*THE SPREAD OF TRUE AND FALSE NEWS ONLINE*」
- 朝日新聞　２０１８年11月20日「閲読履歴からニュース提供　配信各社で進むパーソナル化」
https://digital.asahi.com/articles/ASLCN5T4HLCNUTIL03H.html
- イーライ・パリサー『フィルターバブル』（井口耕二訳、早川書房、２０１６）
- Graphika DFRLab Dec/2019「#OperationFFS: Fake Face Swarm —Facebook Takes Down Network Tied to Epoch Media Group That Used Mass AI-Generated Profiles—」
- 毎日新聞　２０１９年９月19日　朝刊「論プラス：リクナビの内定辞退率販売　個人情報保護に遅れ　スコアリングに対応を＝論説委員・竹川正記」

・個人情報保護委員会ホームページ　２０１９年12月４日「個人情報の保護に関する法律に基づく行政上の対応について」
https://www.ppc.go.jp/news/press/2019/20191204/

［第2章］

・鈴木美香『トニダード・トバゴ　カリブの多文化社会』（論創社、２０１８）
・平林紀子『マーケティング・デモクラシー』（春風社、２０１４）
・ジョシュア・グリーン『バノン　悪魔の取引』（秋山勝訳、草思社、２０１８）
・BBC 2017/8/13「he digital guru who helped Donald Trump to the presidency」
https://www.bbc.com/news/av/magazine-40852227/the-digital-guru-who-helped-donald-trump-to-the-presidency
・ブリトニー・カイザー『告発　フェイスブックを揺るがした巨大スキャンダル』（染田屋茂・道本美穂・小谷力・小金輝彦訳、ハーパーコリンズ・ジャパン、２０１９）
・Christopher Wylie「Mindf*ck」(Random House, 2019)
・WIRED 2018/3/19「The Noisy Fallacies of Psychographic Targeting」
https://www.wired.com/story/the-noisy-fallacies-of-psychographic-targeting/
・WIRED 2017/9/22「I Helped Create Facebook's Ad Machine. Here's How I'd Fix It」
https://www.wired.com/story/i-helped-create-facebooks-ad-machine-heres-how-id-fix-it/

- Channel4 2018/3/19「Data, Democracy and Dirty Tricks」
  https://www.channel4.com/news/data-democracy-and-dirty-tricks-cambridge-analytica-uncovered-investigation-expose
- @HindsightFilesのアカウント（２０２０年1月9日時点）
  https://twitter.com/hindsightfiles
- ＣＡが２０１４年に作成・公開したボルトン氏の広告
  Ad1: 誠実性　https://www.youtube.com/watch?v=fmLFJi2vaWw
  Ad2: 協調性　https://www.youtube.com/watch?v=s7XslMzYqiA
  Image3: 神経症の傾向　https://www.youtube.com/watch?v=ReAQcReXXaQ
  https://www.youtube.com/watch?v=h-NTrb2E2GE（特別な白旗バージョン）
  Image4: 開放性　https://www.youtube.com/watch?v=QRwkroK3opc
  Image5: 外交性　https://www.youtube.com/watch?v=3d6azebNI7Q

[第３章]

- New York Times Minnesota results 2017/1/8
  https://www.nytimes.com/elections/2016/results/minnesota
- Politico 2016/7/20「Data tools of Obama veterans aiding Trump campaign」
  https://www.politico.com/story/2016/07/obama-veterans-software-aiding-trump-campaign-

225911
・Snopes 2016/11/15「Did 'Offended Muslims' Attack a Christmas Tree?」
https://www.snopes.com/fact-check/offended-muslims-attack-christmas-tree/

[第４章]

・BBC 2019/11/11「Online election ads - who is targeting whom?」
https://www.bbc.com/news/technology-50375293
・キャシー・オニール『あなたを支配し、社会を破壊する　ＡＩ・ビッグデータの罠』(久保尚子訳、インターシフト、２０１８)
・Mother Jones 2014/10/31「Facebook Wants You to Vote on Tuesday. Here's How It Messed With Your Feed in 2012.」
https://www.motherjones.com/politics/2014/10/can-voting-facebook-button-improve-voter-turnout/
・Ｐ・Ｗ・シンガー、エマーソン・Ｔ・ブルッキング『「いいね！」戦争　兵器化するソーシャルメディア』(小林由香利訳、ＮＨＫ出版、２０１９)
・デイヴィッド・サンプター『数学者が検証！　アルゴリズムはどれほど人を支配しているのか？　あなたを分析し、操作するブラックボックスの真実』(千葉敏生・橋本篤史訳、光文社、２０１９)
・The Washington Post 2016/12/7「Why conservatives might be more likely to fall for fake news」

https://www.washingtonpost.com/news/wonk/wp/2016/12/07/why-conservatives-might-be-more-likely-to-fall-for-fake-news/

- Pew Research Center Amy Mitchell, Jeffrey Gottfried, Jocelyn Kiley, Katerina Eva Matsa (2014)「Section 2: Social Media, Political News and Ideology」
https://www.journalism.org/2014/10/21/section-2-social-media-political-news-and-ideology/
- Pew Research Center Maeve Duggan, Aaron Smith (2016)「The tone of social media discussions around politics」
https://www.pewresearch.org/internet/2016/10/25/the-tone-of-social-media-discussions-around-politics/
- VICE 2016/12/8「Journalists and Trump voters live in separate online bubbles, MIT analysis shows」
https://www.vice.com/en_us/article/d3xamx/journalists-and-trump-voters-live-in-separate-online-bubbles-mit-analysis-shows
- The Electomeホームページ http://www.electome.org/
- Pew Research Center (2018/7/18)「2. How the Facebook audience engaged with congressional posts」
https://www.people-press.org/2018/07/18/how-the-facebook-audience-engaged-with-congressional-posts/

・ジェイミー・バートレット『操られる民主主義 デジタル・テクノロジーはいかにして社会を破壊するか』（秋山勝訳、草思社、２０１８）
・Jamie Bartlett, Josh Smith, Rose Acton「The Future of Political Campaigning」(2018)
https://ico.org.uk/media/2259365/the-future-of-political-campaigning.pdf
・「#1. People vs Tech - Jamie Bartlett - The Night of Dictatorship 2018」(2018/09/18)
https://www.youtube.com/watch?v=0kBtmHrxl9o

[第5章]

・Propublica 2019/9/11「The Myths of the "Genius" Behind Trump's Reelection Campaign」
https://www.propublica.org/article/the-myths-of-the-genius-behind-trumps-reelection-campaign
・New York Times 2019/10/16「Trump Is Winning the Online War」
https://www.nytimes.com/2019/10/16/opinion/trump-digital-campaign.html
・Mashable Asia 2019/9/27「Trump campaign says it can track your phone」
https://mashable.com/article/trump-campaign-beacons-privacy-policy/
・New York Times 2018/7/13「4,500 Tech Workers, 1 Mission: Get Democrats Elected」
https://www.nytimes.com/2018/07/13/technology/tech-midterms-democrats.html
・WIRED 2018/10/23「In Texas, Techies Are Trying to Turn the Red State Blue」
https://www.wired.com/story/flipping-texas-elections-voter-registration-tech/

- Austin American-Statesman 2020/1/8「Will these apps turn the tide for Democrats in Texas?」
  https://www.statesman.com/news/20200108/will-these-apps-turn-tide-for-democrats-in-texas
- The Guardian 2018/7/29「'I thought: what do I have to offer?' The woman digitalising the Democrats」
  https://www.theguardian.com/technology/2018/jul/29/digitalising-democratic-party-jessica-alter-tech-for-campaigns
- Number of daily newspapers in the United States from 1970 to 2016
  https://www.statista.com/statistics/183408/number-of-us-daily-newspapers-since-1975/
- Bloomberg Businessweek 2019/11/25「The Left's Plan to Slip Vote-Swaying News Into Facebook Feeds」
  https://www.bloomberg.com/news/features/2019-11-25/acronym-s-newsrooms-are-a-liberal-digital-spin-on-local-news
- the Dogwoodのホームページ（２０１９年12月29日時点）
  https://vadogwood.com/
- The Washington Post 2019/2/27「U.S. Cyber Command operation disrupted Internet access of Russian troll factory on day of 2018 midterms」
  https://www.washingtonpost.com/world/national-security/us-cyber-command-operation-disrupted-internet-access-of-russian-troll-factory-on-day-of-2018-midterms/2019/02/26/

1827fc9e-36d6-11e9-af5b-b51b7ff322e9_story.html
- New York Times 2019/9/21「A Former Fox News Executive Divides Americans Using Russian Tactics」
https://www.nytimes.com/2019/11/21/technology/LaCorte-edition-news.html
- The Washington Post 2019/11/2「Don't abolish political ads on social media. Stop microtargeting.」
https://www.washingtonpost.com/opinions/2019/11/01/dont-abolish-political-ads-social-media-stop-microtargeting/
- New York Times 2019/11/22「Why Everyone Is Angry at Facebook Over Its Political Ads Policy」
https://www.nytimes.com/2019/11/22/technology/campaigns-pressure-facebook-political-ads.html
- BuzzFeed News 2019/5/8「A Hidden Barrier To Entry For 2020 Democrats: Hundreds Of Thousands Of Dollars For Voter Data」
https://www.buzzfeednews.com/article/rubycramer/2020-democratic-primary-data-cost
- AP NEWS 2019/2/14「Democrats to launch new voter database with Dean at the helm」
https://apnews.com/9a47a0def9234e338bc72053e86f221f
- WIRED 2019/2/4「Inside the Democrats' Plan to Fix Their Crumbling Data Operation」

https://www.wired.com/story/democrats-fix-crumbling-data-operation/
・New York Times 2020/1/9「Factbox: How Social Media Services Handle Political Ads」
https://www.nytimes.com/reuters/2020/01/09/technology/09reuters-usa-election-advertising-factbox.html
・REUTERS 2020/1/9「Facebook tweaks ad policy but still allows political lies in U.S. campaign 2020」
https://www.reuters.com/article/us-facebook-politics/facebook-tweaks-ad-policy-but-still-allows-political-lies-in-u-s-campaign-2020-idUSKBN1Z81A6

［終章］

・山本龍彦「ビッグデータ社会とプロファイリング」『論究ジュリスト 18号』40頁（２０１８）
・山本龍彦『おそろしいビッグデータ　超類型化ＡＩ社会のリスク』（朝日新書、２０１７）
・山本龍彦編『ＡＩと憲法』（日本経済新聞出版社、２０１８）
・エドウィン・ブラック『ＩＢＭとホロコースト　ナチスと手を結んだ大企業』（宇京頼三監修・小川京子訳、柏書房、２００１）
・西田亮介『メディアと自民党』（角川新書、２０１５）
・西田亮介『情報武装する政治』（ＫＡＤＯＫＡＷＡ、２０１８）
・＃自民党２０１９のホームページ https://jimin2019.com/#page05

- ＴＯＫＹＯ ＭＸ モーニングＣＲＯＳＳ ２０１９年11月18日「「＃自民党２０１９」は広告じゃない⁉ 日本のＳＮＳにおける政治広告とは」
- Forbes 2019/10/25「Mark Zuckerberg Predicts 30 Million People Will Want Facebook News」
https://www.forbes.com/sites/mnunez/2019/10/25/facebook-launches-news-tab-with-dozens-of-us-publishers-to-combat-fake-news/#24478f533cfe
- ２０１９年９月18日「プラットフォーマー規制の論点（４）プラットフォームと競争政策」杉本和行 公正取引委員長
https://www.youtube.com/watch?v=-qQYpVKNQTM&t=22s
- ＪＥＴＲＯ「施行が迫る「カリフォルニア州消費者プライバシー法」」
https://www.jetro.go.jp/biz/areareports/2019/71fb7278eaa2d8c6.html
- 日本経済新聞 ２０１９月10月15日「米加州で新個人情報保護法 欧州上回る企業負担も」
https://www.nikkei.com/article/DGXMZO51012300V11C19A0910M00/
- CARIFORNIANS FOR CONSUMER PRIVACYのホームページ
https://www.caprivacy.org/about-us
- The Washington Post 2019/9/25「Privacy activist in California launches new ballot initiative for 2020 election」
https://www.washingtonpost.com/technology/2019/09/25/privacy-activist-california-launches-new-ballot-initiative-election/

・東京読売新聞　２０１８年７月７日　朝刊「基礎からわかるＧＤＰＲ」
・日本経済新聞　２０１９年５月25日　朝刊「データ保護、日本企業の45％が未了、ＥＵ規則対応に遅れ、摘発リスク高まる（データの世紀）」
・個人情報保護委員会　翻訳「個人データの取扱いと関連する自然人の保護に関する、及び、そのデータの自由な移転に関する、並びに、指令95/46/ECを廃止する欧州議会及び理事会の２０１６年４月27日の規則（ＥＵ）一般データ保護規則」
https://www.ppc.go.jp/files/pdf/gdpr-provisions-ja.pdf
・日本広報協会ホームページ
https://www.koho.or.jp/useful/qa/sonota/sonota03.html
・ＮＨＫ「わたしの情報がおカネになる⁉　情報『銀行』本格始動へ」（くらし☆解説）今井純子解説委員
http://www.nhk.or.jp/kaisetsu-blog/700/307990.html
・朝日新聞　２０１９年11月12日朝刊「巨大ＩＴ規制、ＧＡＦＡから意見聴取　グーグルは懸念」
・朝日新聞　２０１９年６月27日朝刊「「情報銀行」本格化へ　個人情報を企業へ提供、２社認定」
・経済産業省ホームページ「情報信託機能の認定に係る指針ver1.0（案）」
https://www.meti.go.jp/press/2018/06/20180626002/20180626002.html
・公正取引委員会ホームページ「デジタル・プラットフォーマーと個人情報等を提供する消費者との取引における優越的地位の濫用に関する独占禁止法上の考え方（案）」

https://www.jftc.go.jp/houdou/pressrelease/2019/aug/190829_dpfpc2.pdf
・朝日新聞　2019年10月29日朝刊「「クッキー」規制を検討　個人のネット履歴保護　公取委」
・経団連ホームページ「定例記者会見における中西会長発言要旨」2019年10月21日
https://www.keidanren.or.jp/speech/kaiken/2019/1021.html
・朝日新聞　2019年11月22日（Media　Times）「グーグル、ニュースの対価払って」
仏メディア団体が訴え「タダで巨額利益」
・we believe 2019/10/26「世界を牽引する新たな憲法論の提唱へ」
https://webelieve.jp/articles/detail/300

番組記録

NHKクローズアップ現代＋
「シリーズ　アメリカ中間選挙①
　知られざるトランプ流SNS戦略」　(2018年11月5日放送)

取材：　藤原和樹（報道局社会番組部ディレクター）
濱本こずえ（報道局国際部記者）
新井雅樹（ワシントン支局チーフ・プロデューサー）
マイク・ニコソン（アメリカパート　リサーチャー）
伏見香名子（イギリスパート　リサーチャー）

制作統括：鴨志田郷（報道局国際部デスク）
辻浩平（報道局国際部記者）
櫻井義久（放送総局大型企画開発センター チーフ・プロデューサー）

校閲　福田光一
DTP　角谷　剛

NHK取材班
全米を席巻した「トランプ現象」の実像を
デジタル選挙戦略から探るため、
報道局国際部、社会番組部の記者・ディレクターを中心に結成されたチーム。
2018年11月に「クローズアップ現代＋」にて、
「シリーズ・アメリカ中間選挙」が放送された。

NHK出版新書 614

AI vs. 民主主義
高度化する世論操作の深層

2020年2月10日　第1刷発行

著者　NHK取材班　
発行者　森永公紀
発行所　NHK出版
〒150-8081東京都渋谷区宇田川町41-1
電話（0570）002-247（編集）（0570）000-321（注文）
http://www.nhk-book.co.jp（ホームページ）
振替 00110-1-49701

ブックデザイン　albireo
印刷　壮光舎印刷・近代美術
製本　二葉製本

Printed in Japan　ISBN978-4-14-088614-4 C0231

NHK出版新書好評既刊

586 「松本清張」で読む昭和史

原 武史

昭和とは何だったのか？ 比較的近い、しかし謎に満ちた時代を、松本清張作品に描かれた「鉄道」と「天皇」から解き明かす。

587 人体 神秘の巨大ネットワーク 臓器たちは語り合う

丸山優二
NHKスペシャル「人体」取材班

生命科学の最先端への取材成果を基に、従来の人体観を覆す科学ノンフィクション。大反響を呼んだNHKスペシャル「人体」8番組を1冊で読む！

588 コケはなぜに美しい

大石善隆

岩や樹木になぜ生える？「苔のむすまで」はどれくらい？ 静寂と風情をつくるコケの健気な生き方を、200点以上のカラー写真とともに味わう。

589 米中ハイテク覇権のゆくえ

NHKスペシャル取材班

情報・金融・AIなどのハイテク分野で、アメリカの覇権を揺るがし始めている中国。日本の命運を左右する、二つの超大国の競争の真実に迫る。

590 暴走するネット広告 1兆8000億円市場の落とし穴

NHK取材班

あなたが見ているそのサイトで誰かが〝不正に〟儲けている——。急成長を遂げるネット広告の問題点を「クローズアップ現代＋」取材班が徹底追跡。

591 がんから始まる生き方

養老孟司
柏木 博
中川恵一

がん患者・治療者・助言者の3氏が、がんになって得た視点や死生観を縦横無尽に語りつくす！ 類書のない、大人のための「がん体験指南書」！

NHK出版新書好評既刊

誰も知らない レオナルド・ダ・ヴィンチ
斎藤泰弘
芸術家であり、科学者でもあった「世紀の偉人」がなりたかったのは、「水」の研究者だった？ 自筆ノートから見えてくる「天才画家」の正体とは――。
598

男の「きょうの料理」
絶品！ ふわとろ親子丼の作りかた
NHK出版［編］
NHK「きょうの料理」とともに歩んできた番組テキストで紹介されたレシピの中から、しっかり作れてきちんとおいしい「丼」70品を厳選収載！
599

日本語と論理
哲学者、その謎に挑む
飯田 隆
「多くのこども」と「こどもの多く」はどう違う？ 「こどもが三人分いる」が正しい場合とは？ 日本語のビミョウな論理に迫る「ことばの哲学」入門！
600

世襲の日本史
「階級社会」はいかに生まれたか
本郷和人
日本史を動かしてきたのは「世襲」であり、「地位より家」の大原則だった。摂関政治から明治維新までの流れを読み解き、日本社会の構造に迫る！
601

プラトン哲学への旅
エロースとは何者か
納富信留
えっ!? 紀元前のアテナイでソクラテスと「愛」について対話する？ プラトン研究の第一人者が『饗宴』を再現して挑む、驚きのギリシア哲学入門書。
602

AI以後
変貌するテクノロジーの危機と希望
丸山俊一
＋NHK取材班［編著］
脅威論も万能論も越えた「AI時代」のリアルとは？ ダニエル・デネットなど4人の世界的知性が、人類とAIをめぐる最先端のビジョンを語る。
603